Easy Steps to Chinese for Kids

3a

Workbook

英文版

轻松学中文

少儿版

Yamin Ma
Xinying Li

图书在版编目（CIP）数据

轻松学中文：少儿版．3a．练习册 / 马亚敏，李欣颖编著．
—北京：北京语言大学出版社，2012.8
ISBN 978-7-5619-3359-6

Ⅰ.①轻… Ⅱ.①马…②李… Ⅲ.①汉语—对外汉语教学—教材
Ⅳ.①H195.4

中国版本图书馆CIP数据核字（2012）第194199号

书　　名　**轻松学中文**（少儿版）英文版 练习册3a
责任编辑　王亚莉　孙玉婷
美术策划　王　宇
封面设计　王　宇　王章定
版式设计　北京鑫联必升文化发展有限公司
责任印制　汪学发

出版发行　北京语言大学出版社
社　　址　北京市海淀区学院路15号　邮政编码：100083
网　　址　www.blcup.com
电　　话　编辑部 8610-82303647/3592/3395
　　　　　国内发行部 8610-82303650/3591/3648/3653
　　　　　海外拓展部 8610-82300309/3365/0361/3080
网上订购　8610-82303668　service@blcup.com
印　　刷　北京联兴盛业印刷股份有限公司
经　　销　全国新华书店

版　　次　2012年9月第1版　2012年9月第1次印刷
开　　本　889mm×1194mm　1/16　印张：4.75
字　　数　24千字
书　　号　ISBN 978-7-5619-3359-6/H.12143
　　　　　04800

Easy Steps to Chinese for Kids *(Workbook)* 3a
Yamin Ma, Xinying Li

Editor　Yali Wang, Yuting Sun
Art design　Arthur Y. Wang
Cover design　Arthur Y. Wang, Zhangding Wang
Graphic design　Beijing XinLianBiSheng Cultural Development Co., Ltd

Published by
Beijing Language & Culture University Press
No.15 Xueyuan Road, Haidian District, Beijing, China 100083

Distributed by
Beijing Language & Culture University Press
No.15 Xueyuan Road, Haidian District, Beijing, China 100083

First published in September 2012
Printed in China

Website: www.blcup.com

ACKNOWLEDGEMENTS

A number of people have helped us to put the books into publication. Particular thanks are owed to the following:

- 戚德祥先生、张健女士、苗强先生 who trusted our expertise in the field of Chinese language teaching and learning
- Editors 王亚莉女士、唐琪佳女士、黄英女士、余心乐女士、孙玉婷女士 for their meticulous work
- Graphic designers 王章定先生、李越女士 for their artistic design for the cover and content
- Art consultant Arthur Y. Wang for his professional guidance and artists 陆颖女士、凌琳女士、范如洁女士 for their artistic ability in beautiful illustration
- Chinese teachers from the kindergarten section and Heads of the Chinese Department of Xavier School 李京燕女士、余莉莉女士 for their helpful advice and encouragement
- And finally, members of our families who have always given us generous support

CONTENTS 目录

第一课 四十一～一百

1. Write the numbers in Chinese.

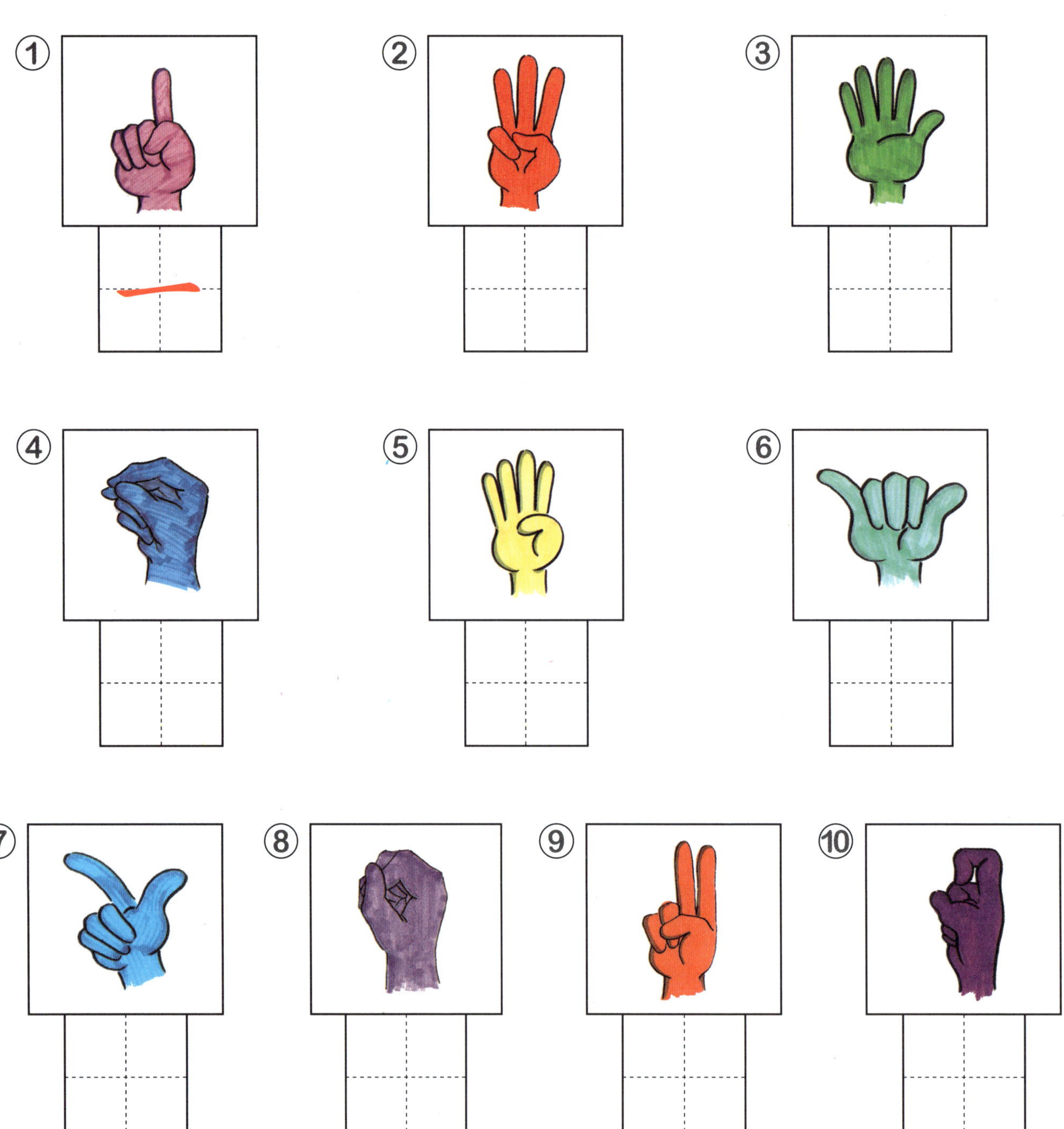

2. Write the numbers in Chinese.

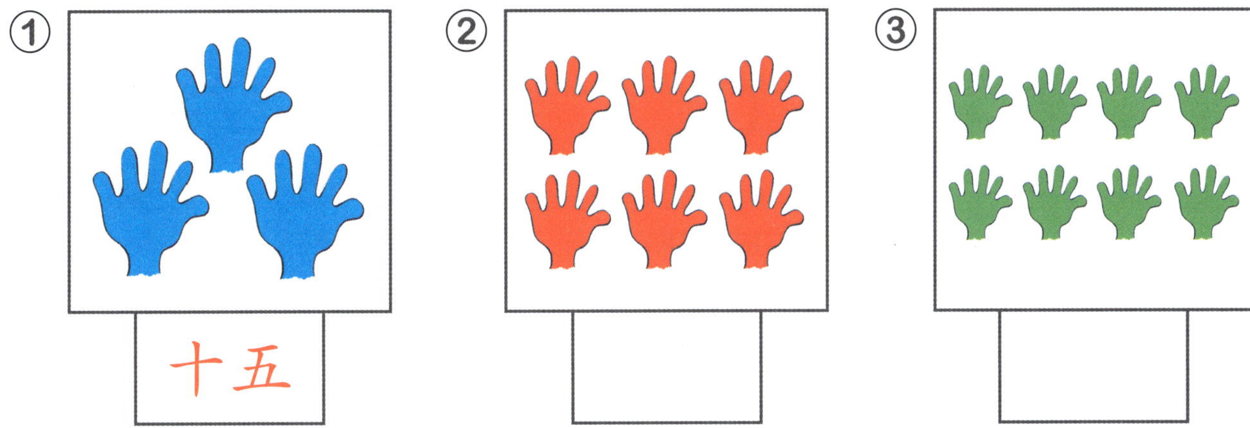

④

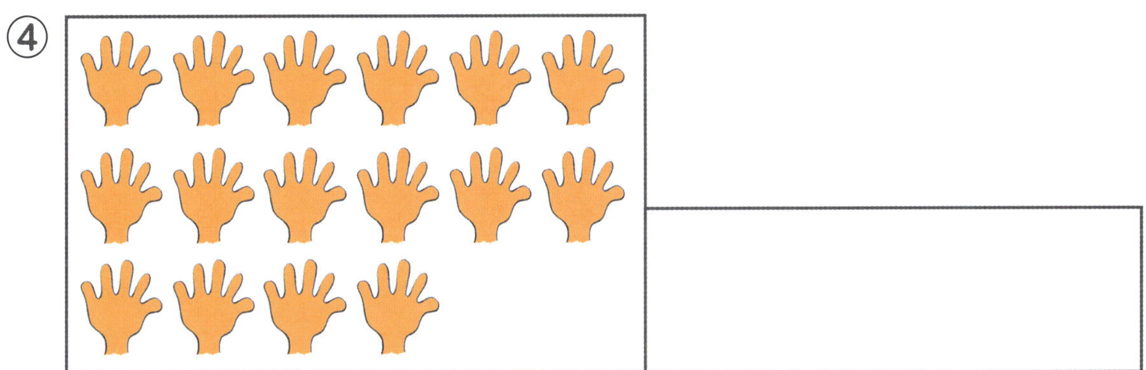

⑤

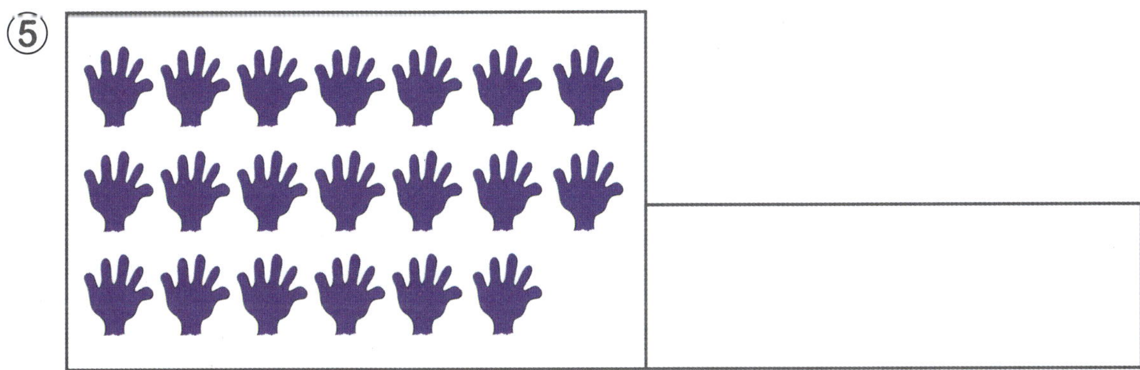

3. Put tone marks on the *pinyin*.

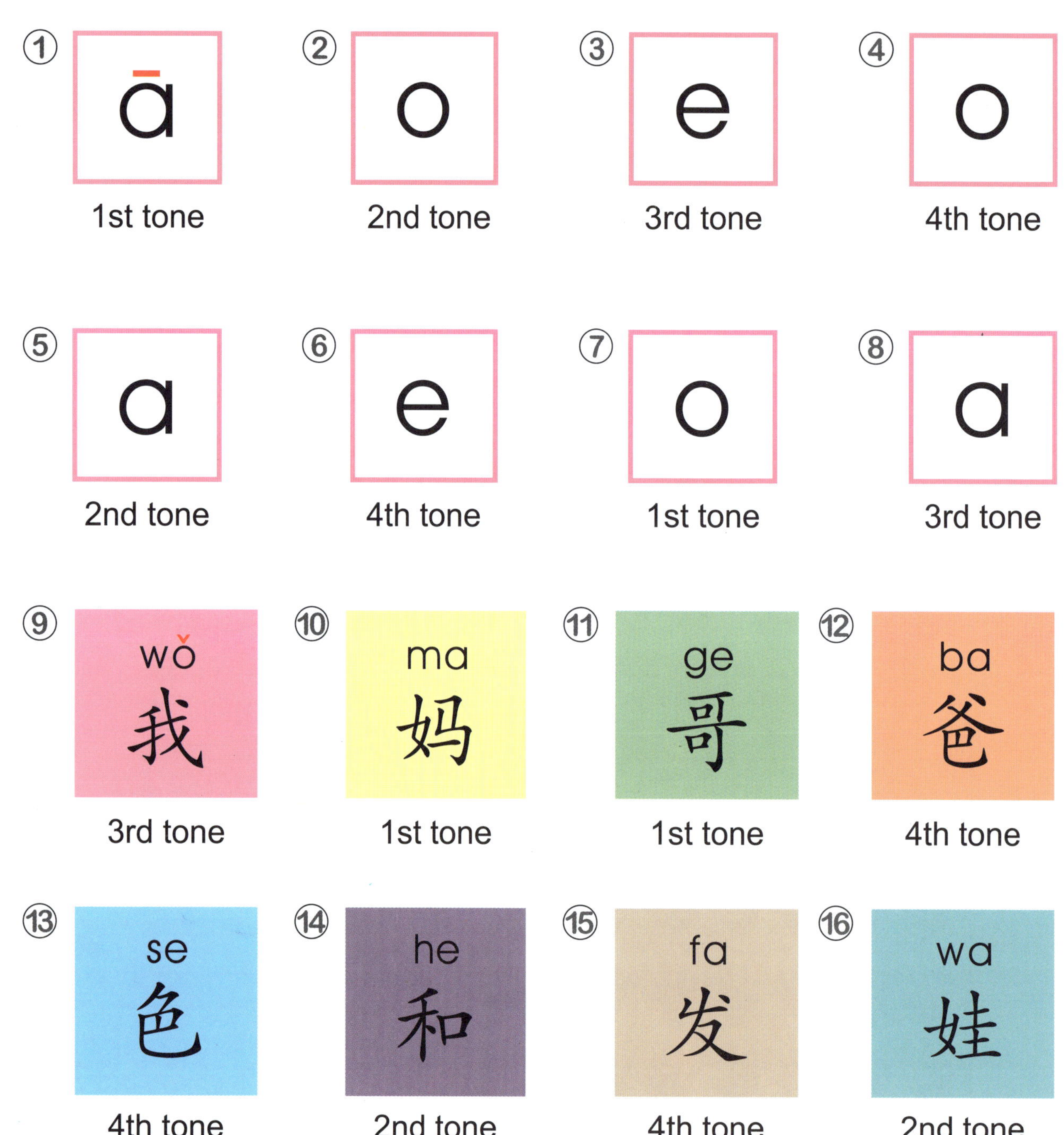

4. Colour in the numbers by following the instructions.

五十二	五十三	五十四	五十五	五十六	五十七	五十八
七十五	七十六	七十七	七十八	七十九	八十	五十九
七十四	九十一	九十二	九十三	九十四	八十一	六十
七十三	九十	九十九	一百	九十五	八十二	六十一
七十二	八十九	九十八	九十七	九十六	八十三	六十二
七十一	八十八	八十七	八十六	八十五	八十四	六十三
七十	六十九	六十八	六十七	六十六	六十五	六十四

a) First colour in: 5's 10's

b) Then colour in the rest of the numbers: odd numbers

even numbers

5. Trace the *pinyin* and characters.

kǒu

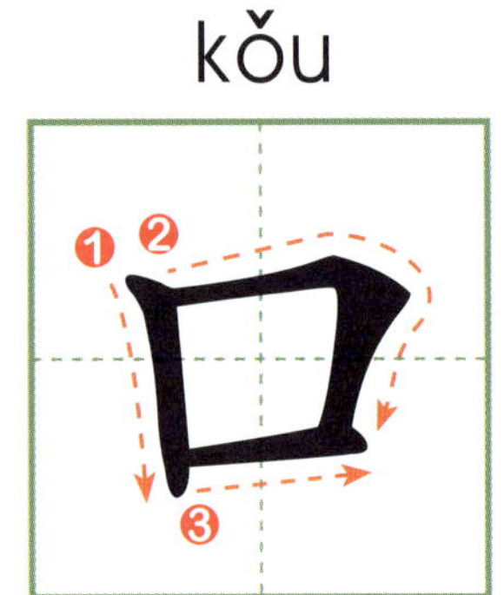

mù

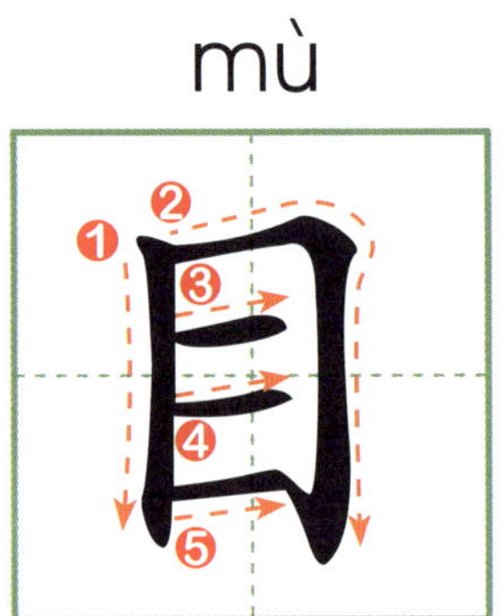

kǒu	mù	mù	kǒu	kǒu	mù
口	目	目	口	口	目
kǒu	mù	kǒu	mù	mù	kǒu
口	目	口	目	目	口
mù	kǒu	kǒu	mù	kǒu	mù
目	口	口	目	口	目

6. Write the missing numbers in Chinese along the path.

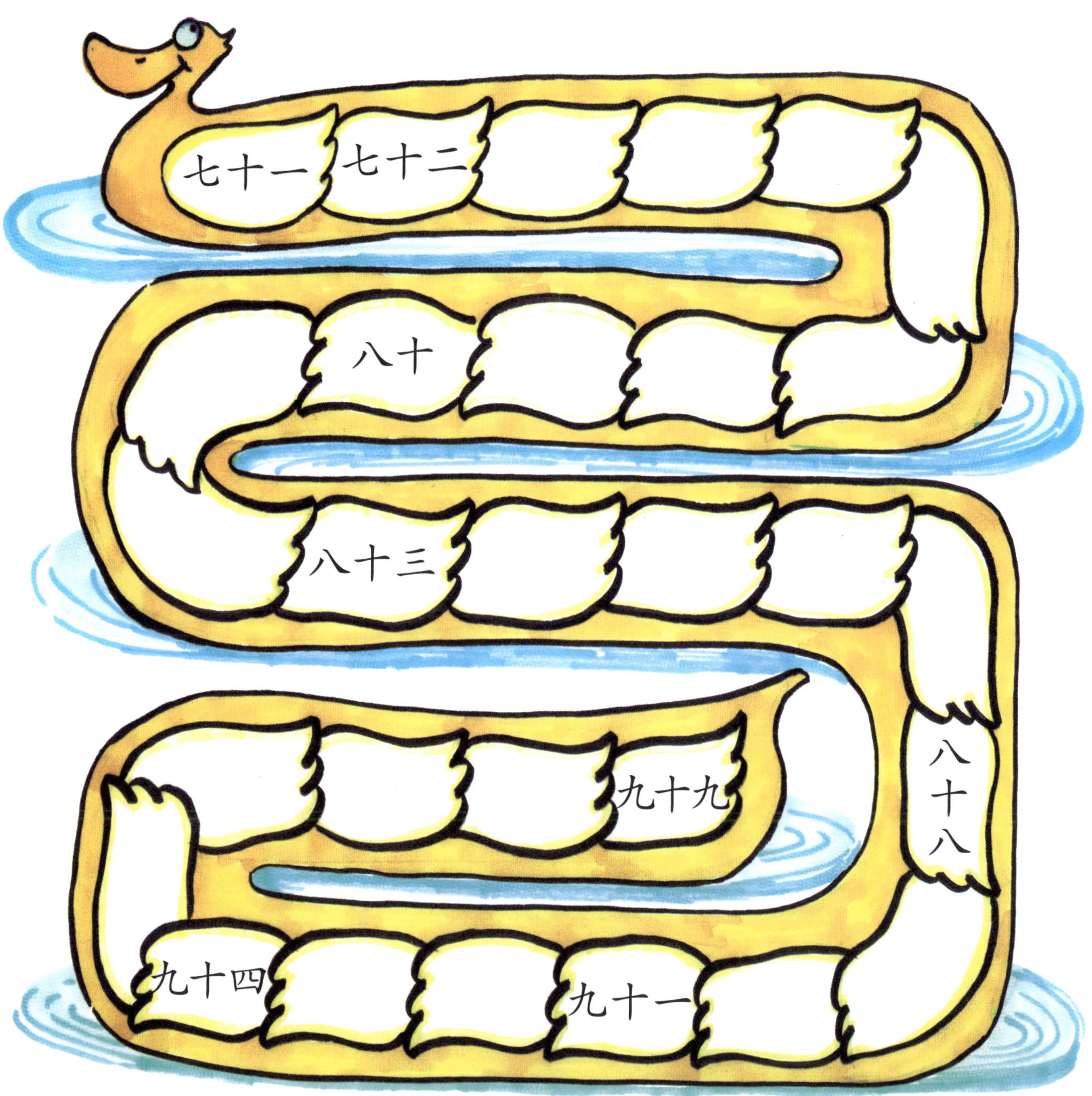

7. Circle the odd one out.

①	jiě jie 姐姐	bà ba 爸爸	dì di 弟弟	méi yǒu 没有
②	ài 爱	xǐ huan 喜欢	yǒu 有	míng zi 名字
③	péng you 朋友	xué sheng 学生	shū tóu 梳头	lǎo shī 老师
④	měi tiān 每天	yǎn jing 眼睛	xīng qī tiān 星期天	jīn tiān 今天
⑤	qiān bǐ 铅笔	lǎo hǔ 老虎	tù zi 兔子	wū guī 乌龟
⑥	dà 大	xiǎo 小	shū 书	duō 多
⑦	jiào shì 教室	táng guǒ 糖果	dàn gāo 蛋糕	qiǎo kè lì 巧克力
⑧	hóu zi 猴子	xióng māo 熊猫	dà xiàng 大象	cǎi sè bǐ 彩色笔
⑨	hóng sè 红色	zhuō zi 桌子	chéng sè 橙色	fěn hóng sè 粉红色

8. Match the clock with the Chinese.

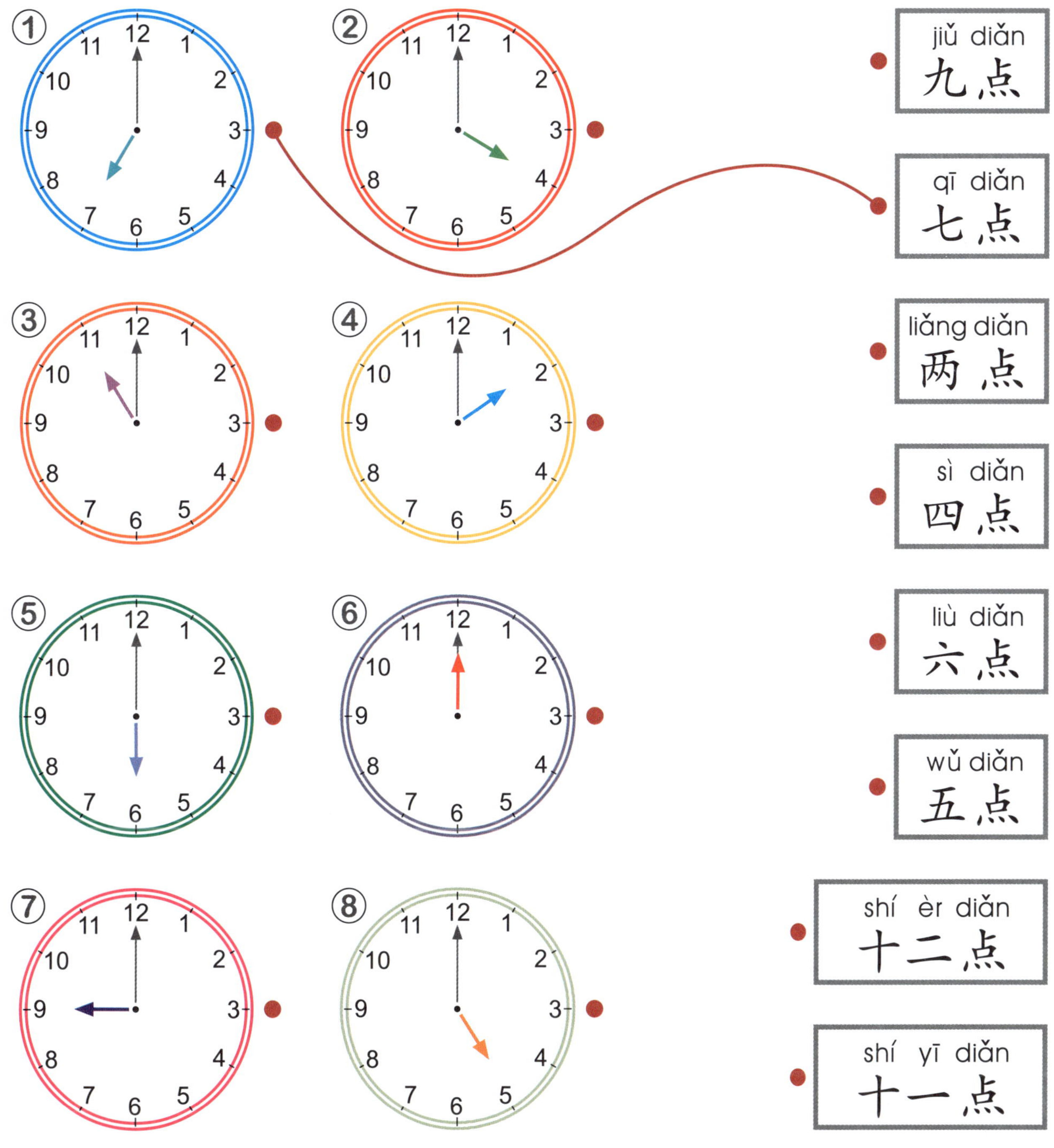

9. Write all the strokes that each character has.

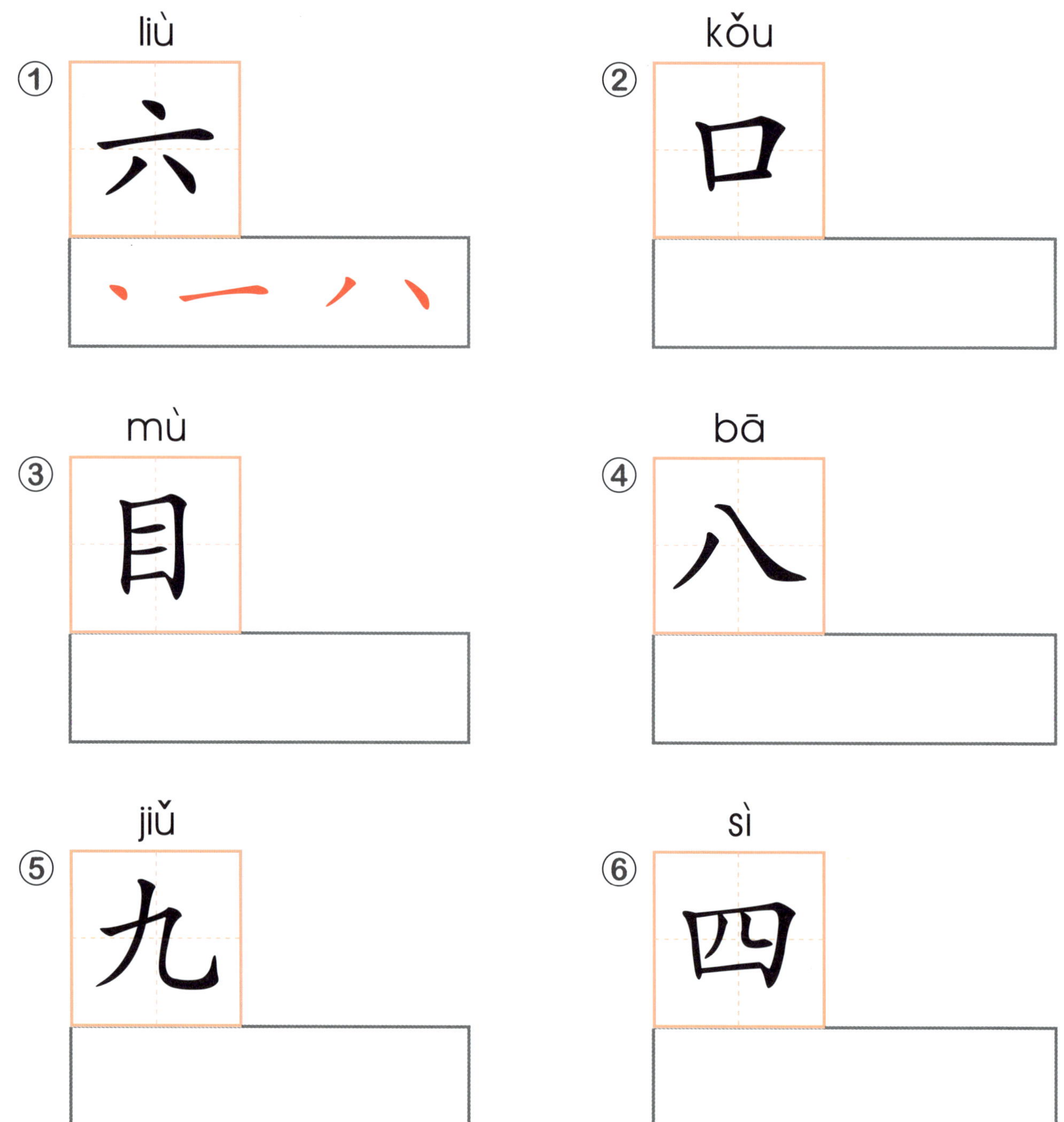

10. Write a few sentences about yourself by following the example. You may write in *pinyin*.

EXAMPLE

wǒ jiào jīng jing wǒ qī suì wǒ
我叫京京。我七岁。我

shì xiǎo xué shēng wǒ shàng sān
是小学生。我上三

nián jí
年级。

jiào 叫　suì 岁　shì 是

xiǎo xué shēng 小学生　shàng 上

nián jí 年级

第二课 今天九月一号

1. Match the Chinese with the English.

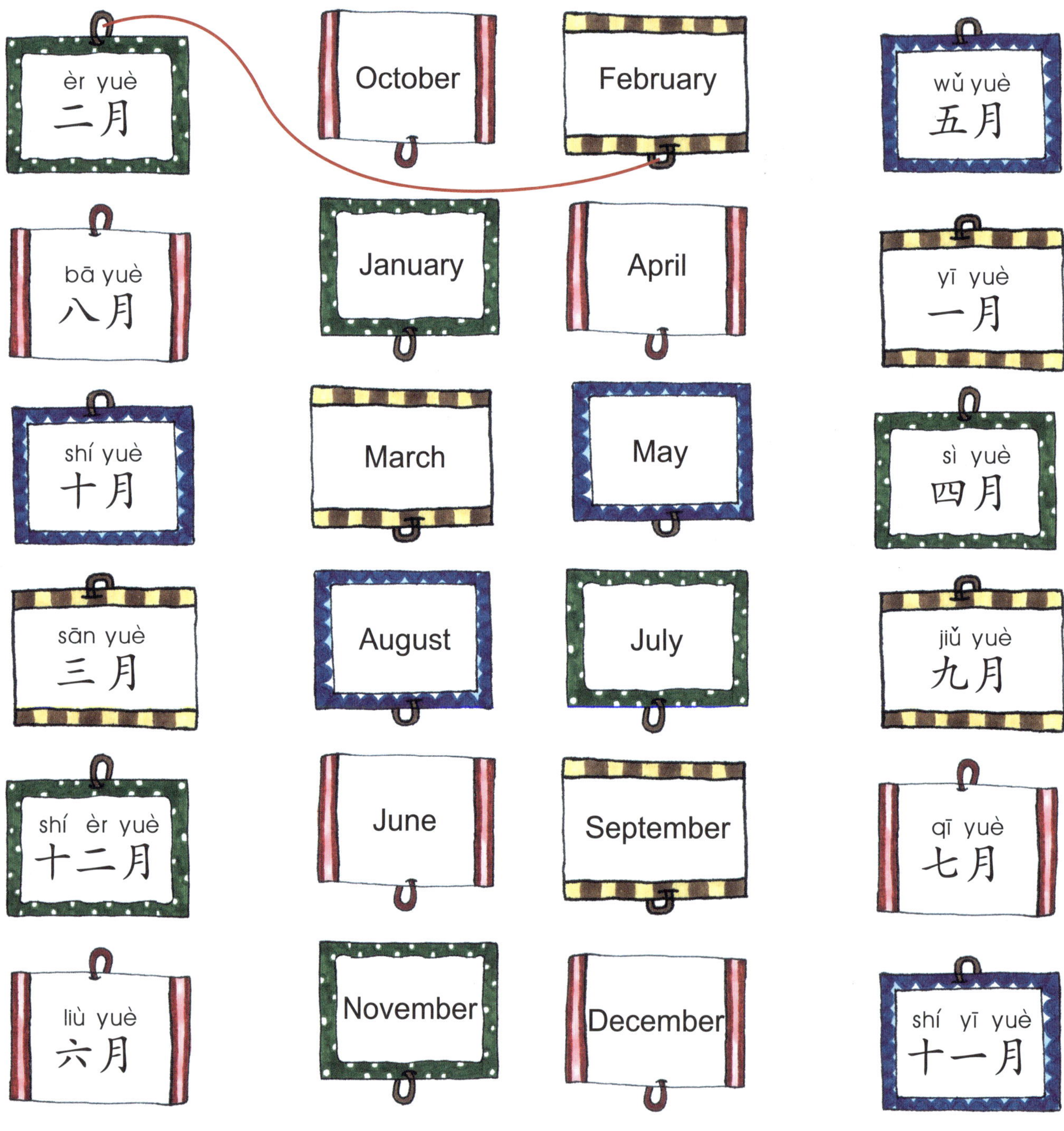

2. Add up the numbers in each set and write down the sum in Chinese.

EXAMPLE

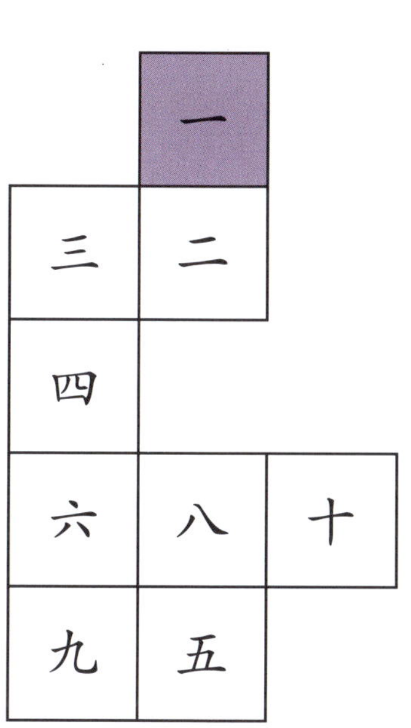

The sum：四十八

①

	一	五
四	八	六
		二
	九	
	三	

The sum：

②

	三	
	六	一
		四
十	二	九
	八	七

The sum：

③

			一	
七	二		三	四
八	十	五	六	

The sum：

④

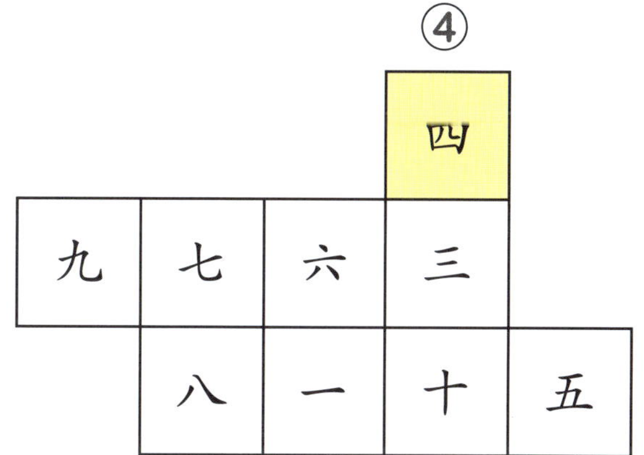

The sum：

3. Put tone marks on the *pinyin*.

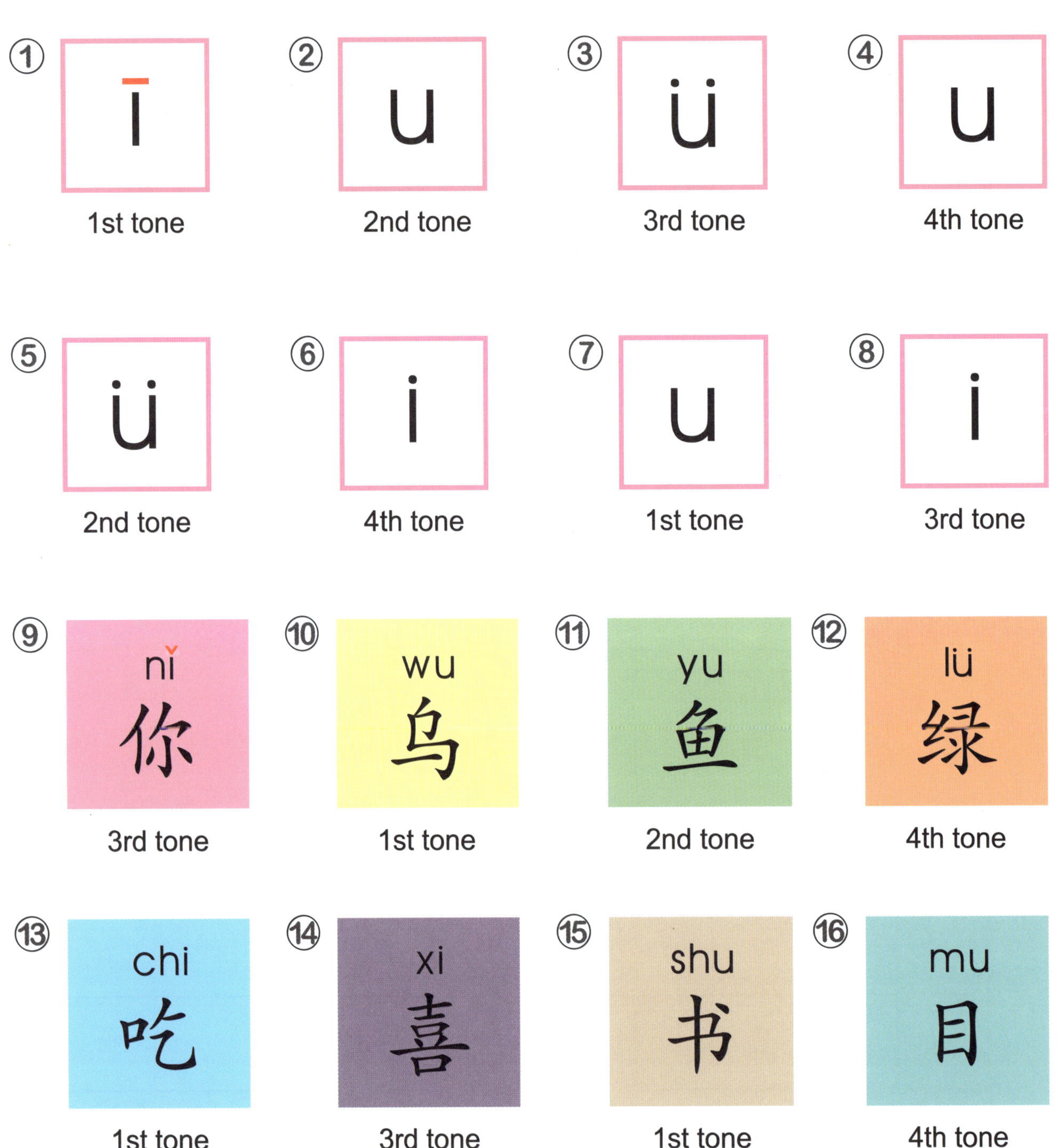

4. Match the Chinese with the English.

Chinese	English
① sān yuè sì hào 三月四号	20 October
② shí yuè èr shí hào 十月二十号	4 March
③ sì yuè sān hào 四月三号	25 July
④ jiǔ yuè yī hào 九月一号	3 April
⑤ qī yuè èr shí wǔ hào 七月二十五号	1 September
⑥ shí èr yuè shí hào 十二月十号	12 May
⑦ wǔ yuè shí èr hào 五月十二号	19 January
⑧ yī yuè shí jiǔ hào 一月十九号	10 December

5. Trace the *pinyin* and characters.

rì

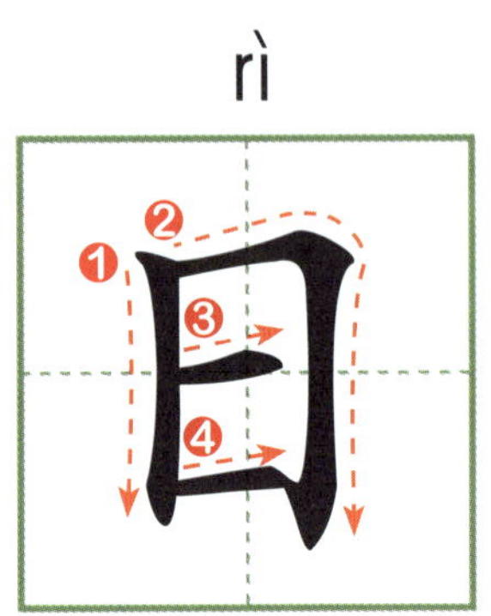

yuè

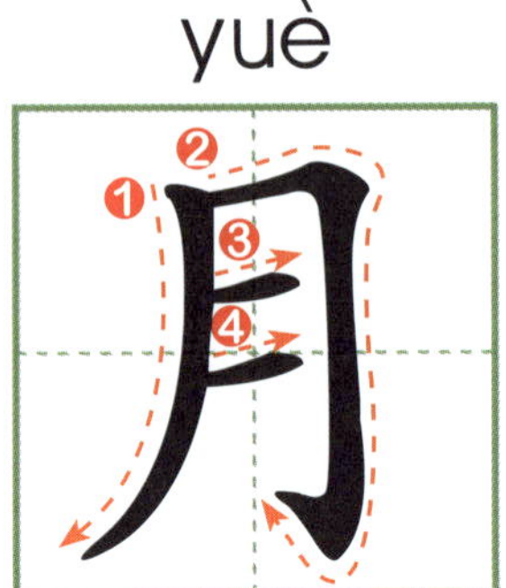

rì	yuè	mù	rì	kǒu	yuè
日	月	目	日	口	月
yuè	rì	mù	rì	yuè	rì
月	日	目	日	月	日
rì	mù	yuè	kǒu	rì	yuè
日	目	月	口	日	月

6. Write the dates in Chinese.

①

②

③

④

⑤

⑥

⑦

⑧

7. Write the time in Chinese.

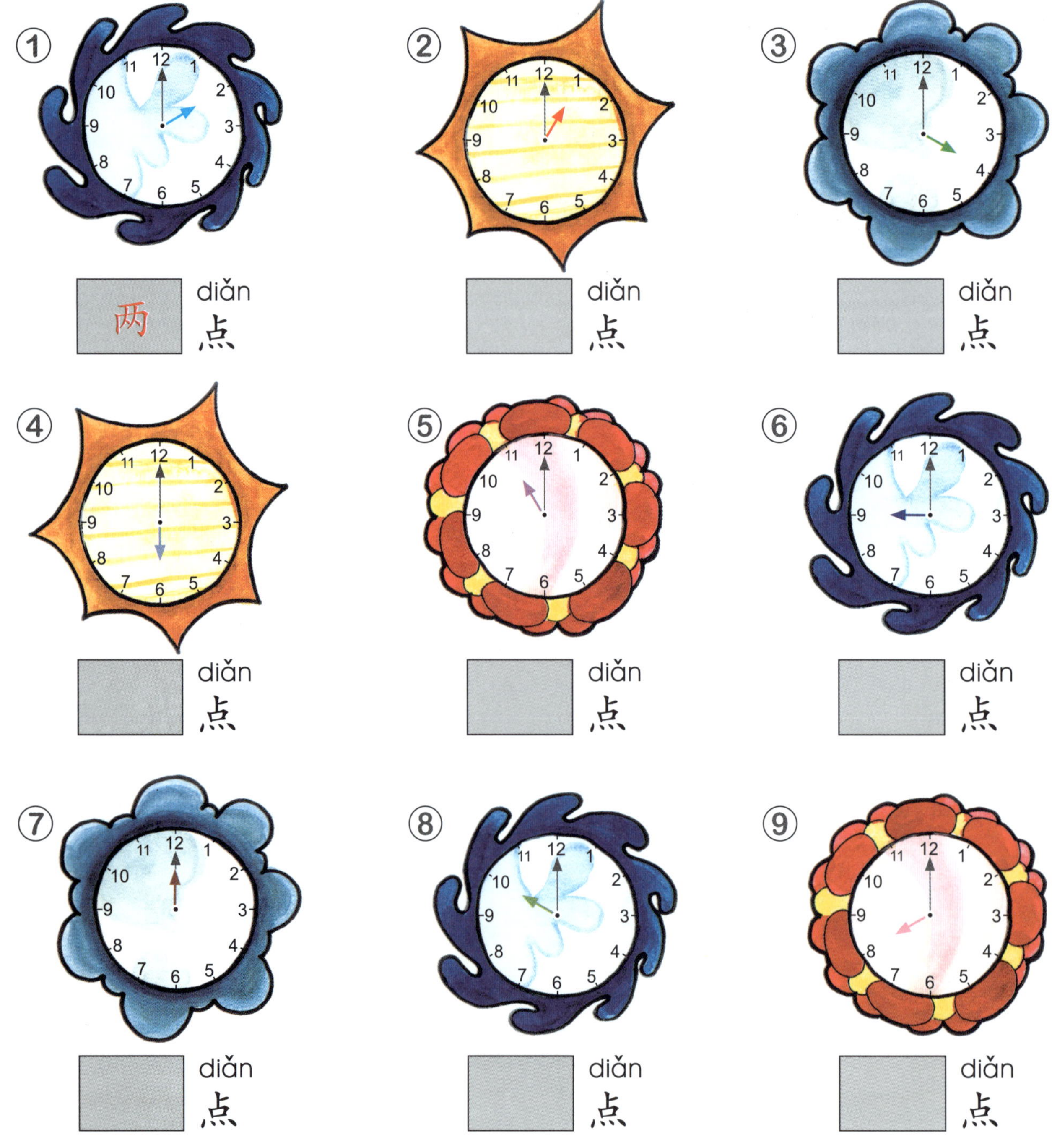

8. Complete the calendar of this month and then decorate it.

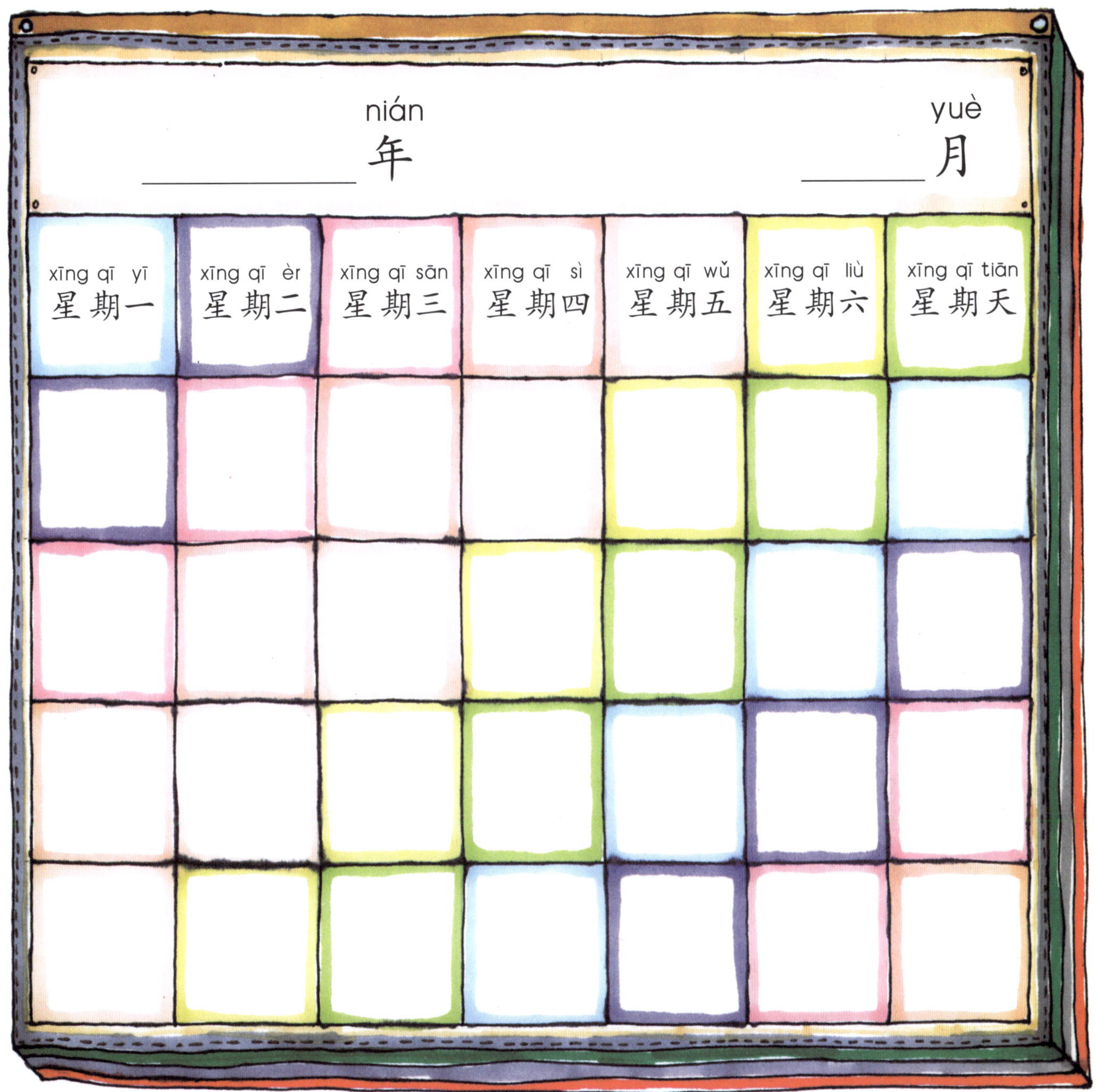

9. Write all the strokes that each character has.

10. Tick the best answer.

第三课 祝你生日快乐

1. Match the Chinese with the *pinyin* and meaning.

	Chinese	Pinyin	Meaning
①	五月一号	xīngqītiān	1 May
②	星期天	wǔyuè yī hào	December
③	十二月	kuàilè	Sunday
④	一百	yìbǎi	happy
⑤	快乐	shí'èryuè	wish
⑥	今天	zhù	today
⑦	祝	shēngrì	birthday
⑧	生日	jīntiān	one hundred

2. Complete the characters.

① zǎo
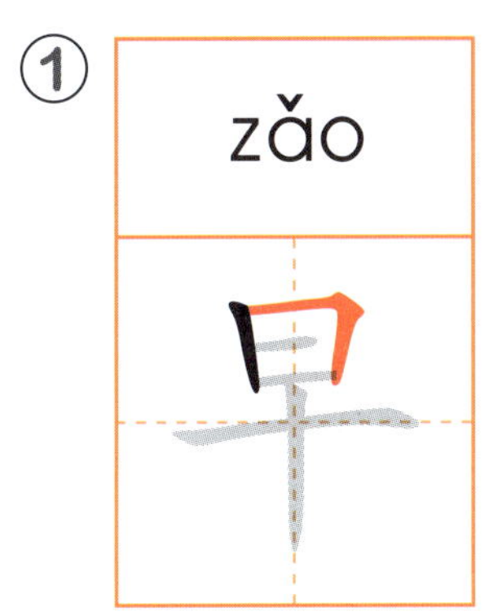

② tián

③ xǐ
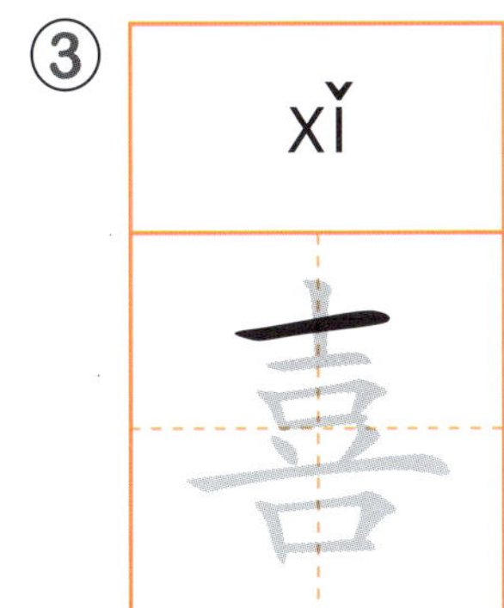

④ péng

⑤ cǎo
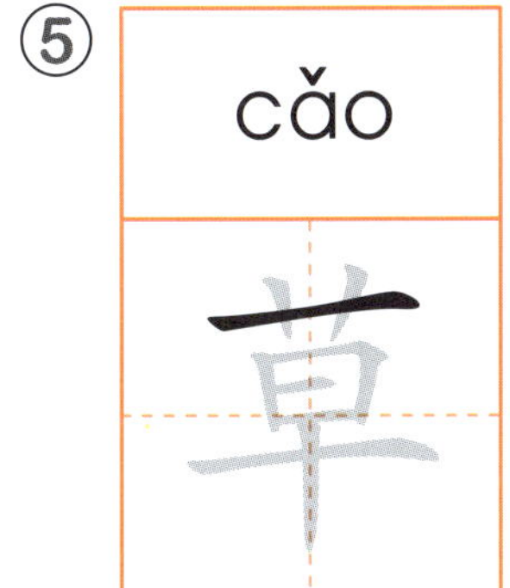

⑥ liǎng

⑦ sān
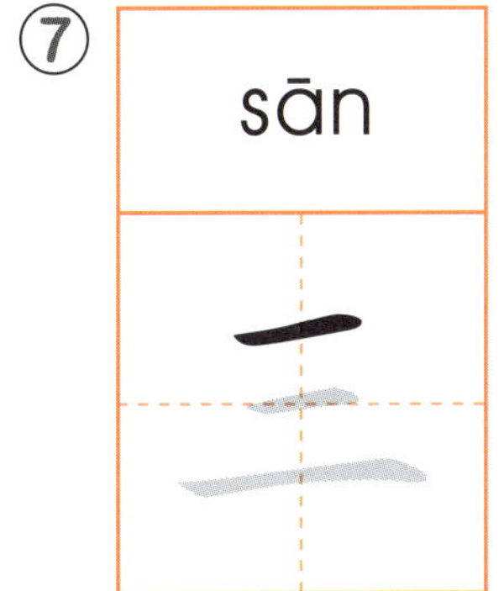

⑧ hēi

⑨ huà

⑩ tiān
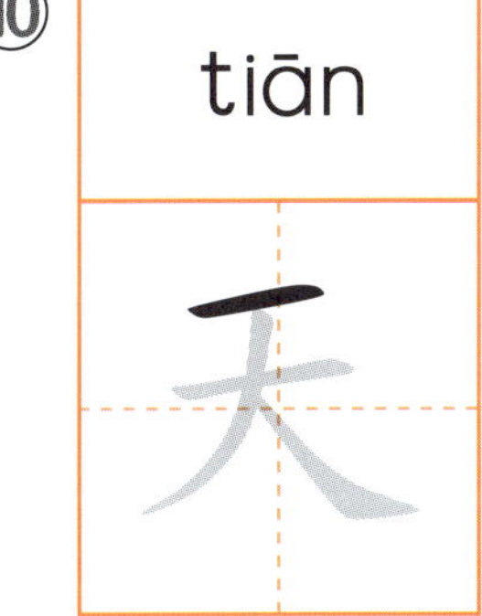

3. Put tone marks on the *pinyin*.

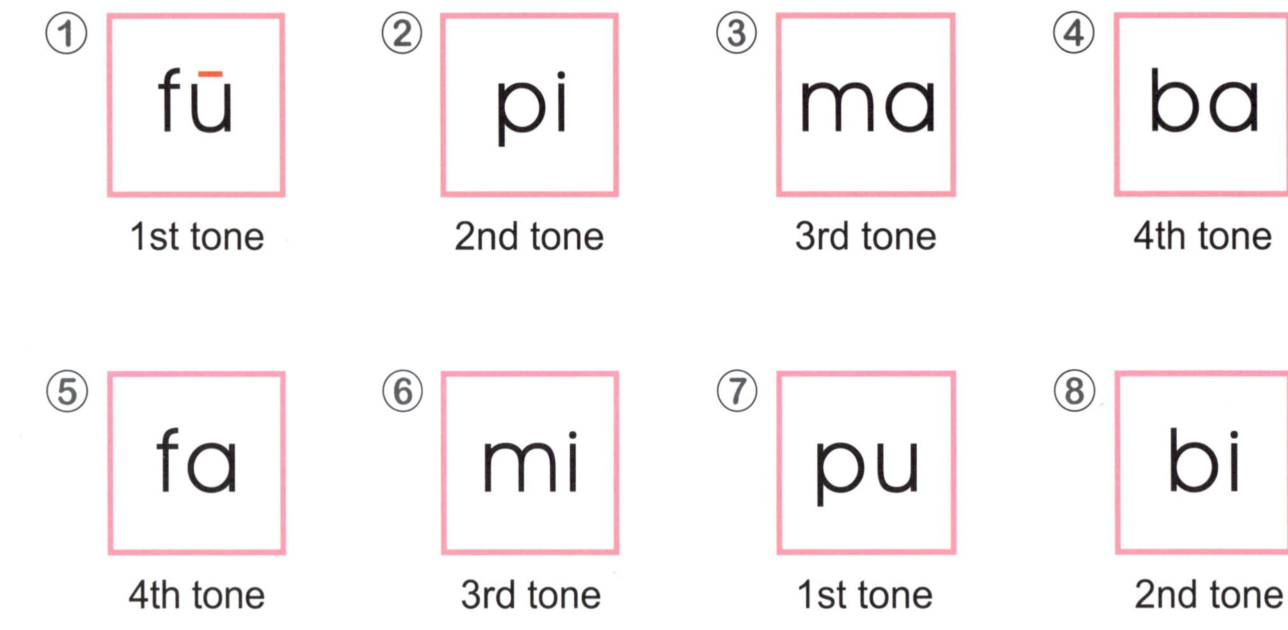

4. Tick if the *pinyin* is correct. If it is incorrect, try to write the correct one.

5. Tick the sentences which are correct.

十月						
星期一	星期二	星期三	星期四	星期五	星期六	星期天
1	2	3	4	5	6	7
8	9	10（今天）	11	12	13	14
15	16	17	18	19	20	21
22	23	24	25	26	27	28
29	30	31				

√ ❶ jīn tiān shí yuè shí hào
今天十月十号。

☐ ❷ shí yuè sì hào shì xīng qī sì
十月四号是星期四。

☐ ❸ jīn tiān xīng qī sān
今天 星期三。

☐ ❹ shí yuè yī hào shì xīng qī yī
十月一号是星期一。

☐ ❺ shí yuè jiǔ hào shì xīng qī èr
十月九号是星期二。

☐ ❻ shí yuè yī hào shì xīng qī sān
十月一号是星期三。

6. Draw pictures of your family members and write down their birthdays.

① 

zhè shì wǒ bà ba　tā de shēng rì shì
这是我爸爸。他的 生日是

② 

zhè shì wǒ mā ma　tā de shēng rì shì
这是我妈妈。她的 生日是

③ 

zhè shì wǒ　wǒ de shēng rì shì
这是我。我的 生日是

7. Find 10 mistakes and circle them. Say the items in Chinese.

EXAMPLE

bīng qí lín
冰淇淋

8. Design a birthday card for your best friend.

9. Find and circle the words.

xiǎo 小	xué 学	shēng 生	kuài 快	lè 乐	shēng 生	rì 日
dòng 动	wù 物	yuán 园	wán 玩	jù 具	xióng 熊	jiǎn 剪
shí 十	táng 糖	dà 大	qiǎo 巧	kè 克	lì 力	dāo 刀
èr 二	guǒ 果	xiàng 象	jīn 今	yī 衣	yǐ 椅	zhuō 桌
yuè 月	xīng 星	qī 期	tiān 天	fu 服	hóu 猴	zi 子

1. happy √
2. Sunday
3. birthday
4. today
5. candy
6. zoo
7. chair
8. teddy bear
9. scissors
10. chocolate
11. elephant
12. table
13. monkey
14. December
15. primary school student

10. Write down the characters.

11. Find the partners and write down the meaning of each word.

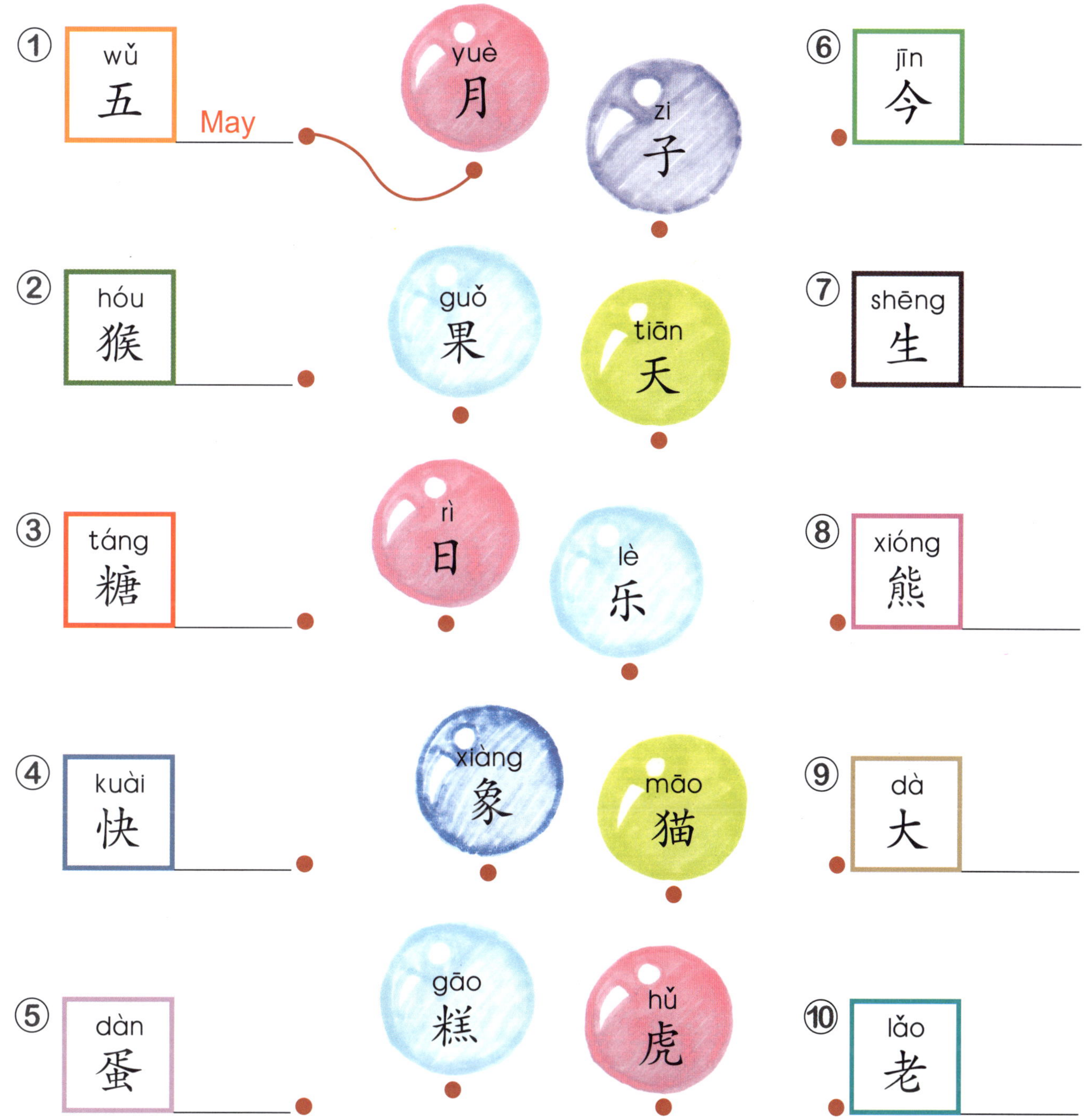

1. Match the Chinese with the *pinyin* and meaning.

	Chinese	Pinyin	Meaning
①	生日	jiā	family
②	五口人	shēngrì	birthday
③	家	wǔ kǒu rén	father's mother
④	爷爷	nǎinai	five members of a family
⑤	奶奶	yéye	mother's mother
⑥	外公	wàipó	who
⑦	外婆	shéi	father's father
⑧	谁	wàigōng	mother's father

2. Add up all the numbers along the path and write down the sum in Chinese. Pay attention to the pattern of the numbers.

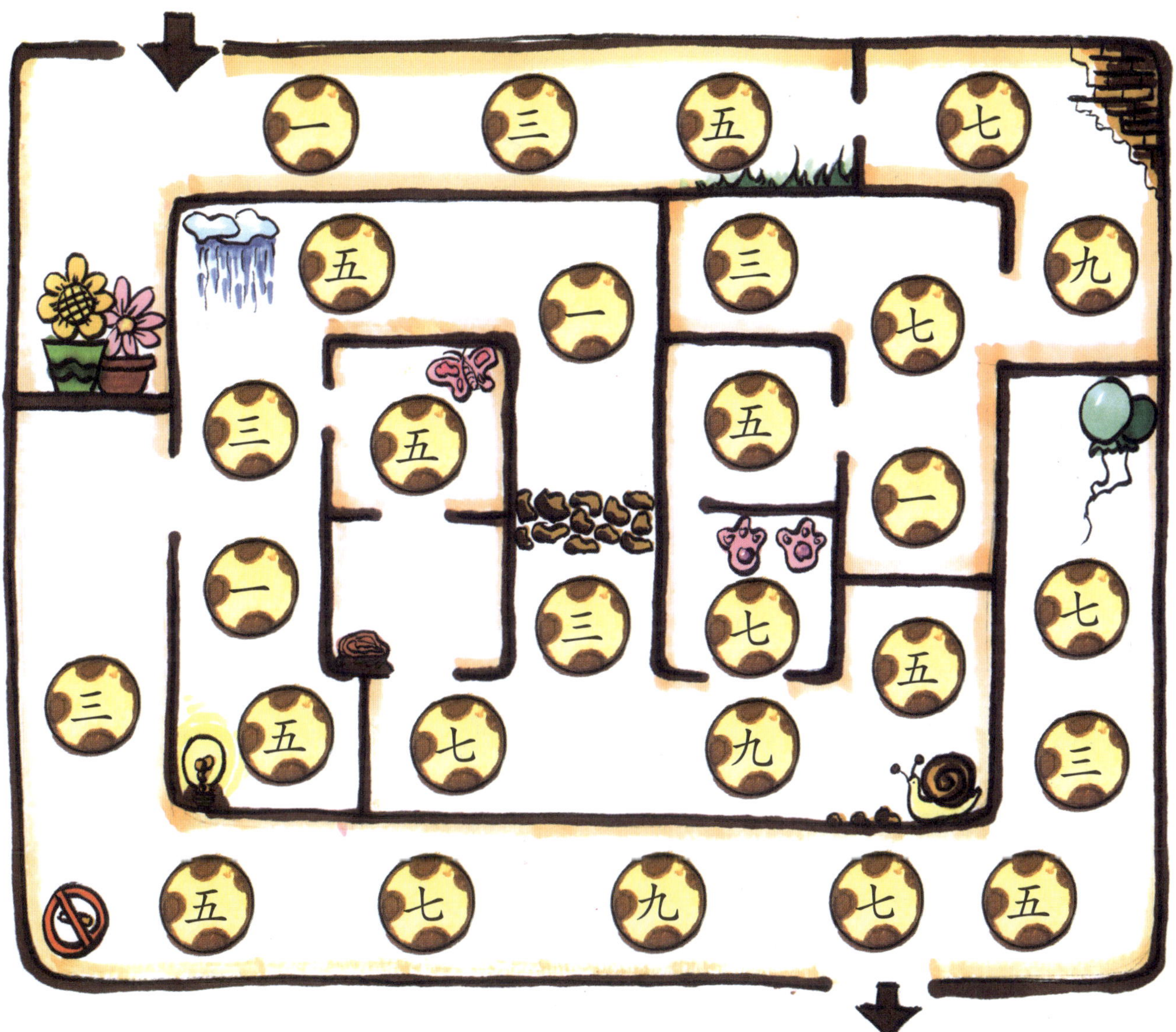

The sum: ________________

3. Write down the missing *pinyin* and the meaning of each word/ phrase.

①

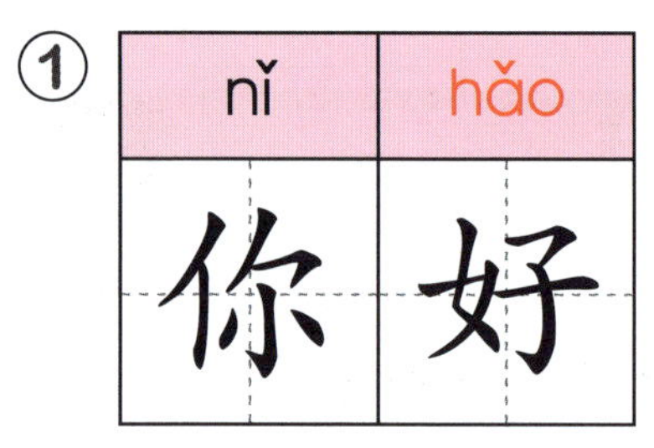

nǐ	hǎo
你	好

hello

②

bà	
爸	爸

③

	ma
妈	妈

④

	shí
八	十

⑤

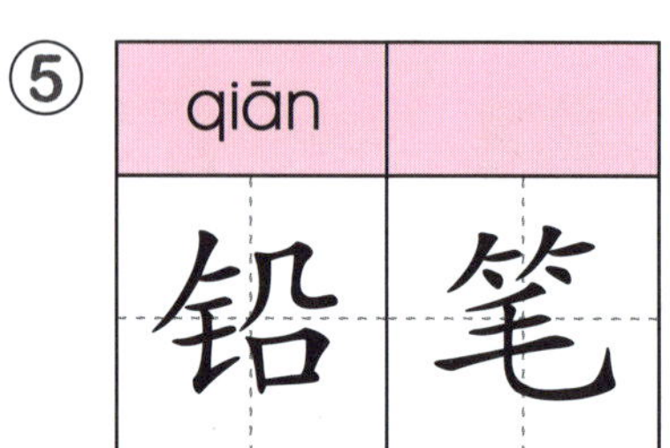

qiān	
铅	笔

⑥

gē	
哥	哥

⑦

xiàng	
橡	皮

⑧

	di
弟	弟

⑨

	xiàng
大	象

⑩

wài	
外	婆

⑪

kuài	
快	乐

⑫

wǒ	
我	的

4. Put the missing members back on the family tree. Write the letters on the apples.

gē ge a) 哥哥	nǎi nai b) 奶奶	dì di c) 弟弟	wài gōng d) 外 公
jiě jie e) 姐姐	wài pó f) 外婆	yé ye g) 爷爷	mèi mei h) 妹 妹

5. Rearrange the words/phrases to make sentences. Write down the meaning of each sentence.

shì　jīn tiān　shēng rì　wǒ de
1 是/今天/ 生 日/我的/。 Today is my birthday.
2　1　4　3

yǒu　wǒ jiā　wǔ kǒu rén
2 有/我家/五口人/。 ________

wǒ　bà ba　ài　mā ma
3 我/爸爸、/爱/妈妈/。 ________

nián jí　wǒ　shàng　sān
4 年级/我/ 上 /三/。 ________

gē ge　shí èr　wǒ　suì
5 哥哥/十二/我/岁/。 ________

mèi mei　yǒu　wǒ　liǎng ge
6 妹妹/有/我/两 个/。 ________

yí ge　wǒ　péng you　yǒu　hǎo
7 一个/我/朋 友/有/好/。 ________

6. Complete the pictures according to the descriptions.

7. Write down the *pinyin* and meaning of each character.

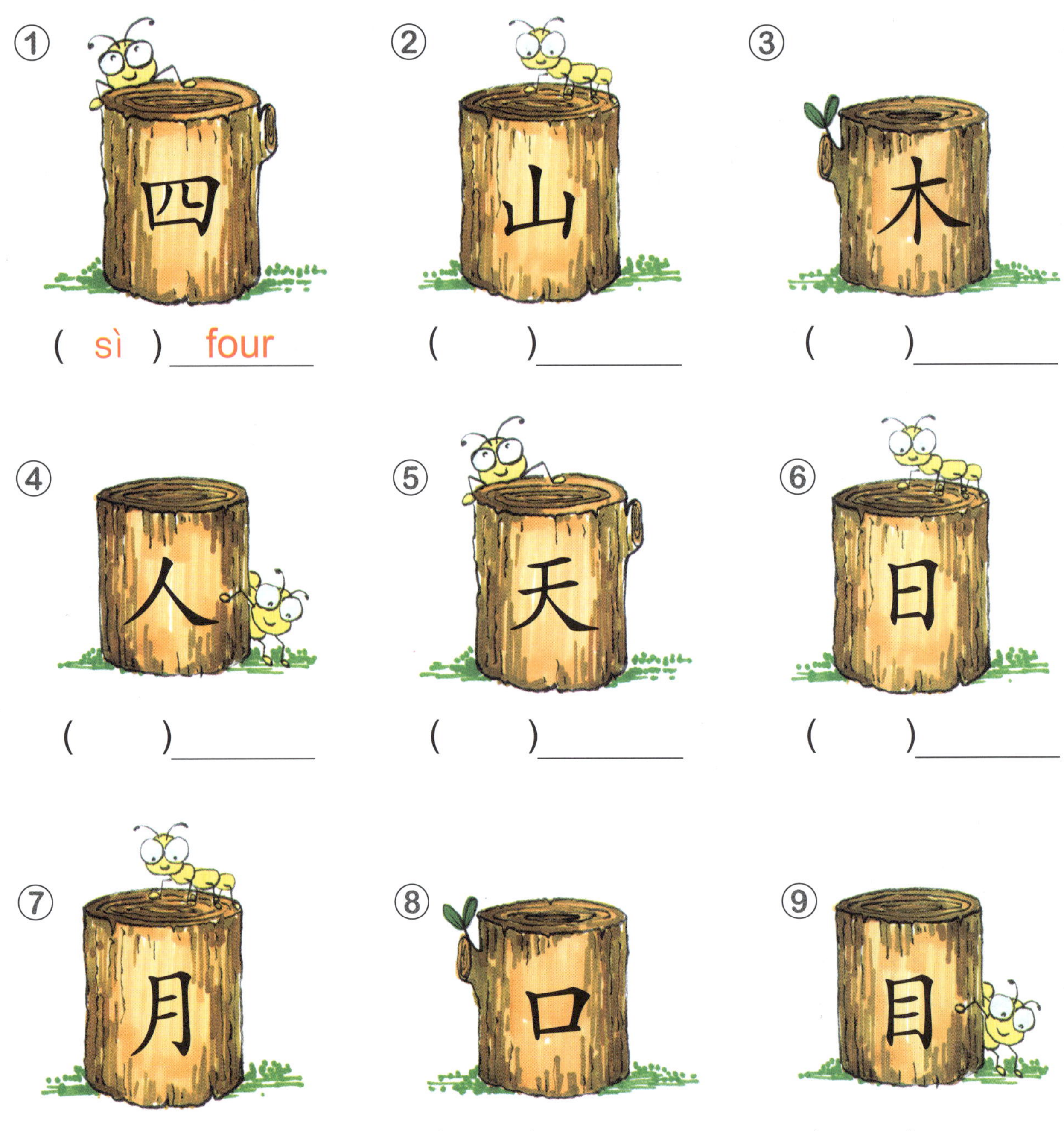

8. Write a few sentences about yourself by following the example. You may write in *pinyin*.

大力

EXAMPLE

wǒ jiào dà lì wǒ bā suì wǒ
我叫大力。我八岁。我

shàng sān nián jí wǒ jiā yǒu sān
上 三 年级。我家有 三

kǒu rén bà ba mā ma hé wǒ
口 人：爸爸、妈妈 和我。

zhè shì wǒ yé ye hé nǎi nai
这是我爷爷和奶奶。

jiào 叫	suì 岁	shàng 上	nián jí 年级	jiā 家
yǒu 有		kǒu rén ……口人	gē ge 哥哥	jiě jie 姐姐
dì di 弟弟		mèi mei 妹妹	zhè 这	shì 是
yé ye 爷爷		nǎi nai 奶奶	wài gōng 外公	wài pó 外婆

9. Find the partners and write down the meaning of each word.

10. Write down the characters.

第五课 你是哪国人

1. Match the Chinese with the *pinyin* and meaning.

①	中国人	měiguórén	British (people)
②	法国人	zhōngguórén	American (people)
③	美国人	déguórén	Chinese (people)
④	德国人	fǎguórén	German (people)
⑤	快乐	yīngguórén	French (people)
⑥	英国人	shēngrì	happy
⑦	生日	péngyou	friend
⑧	朋友	kuàilè	birthday

2. Match the flags with the countries.

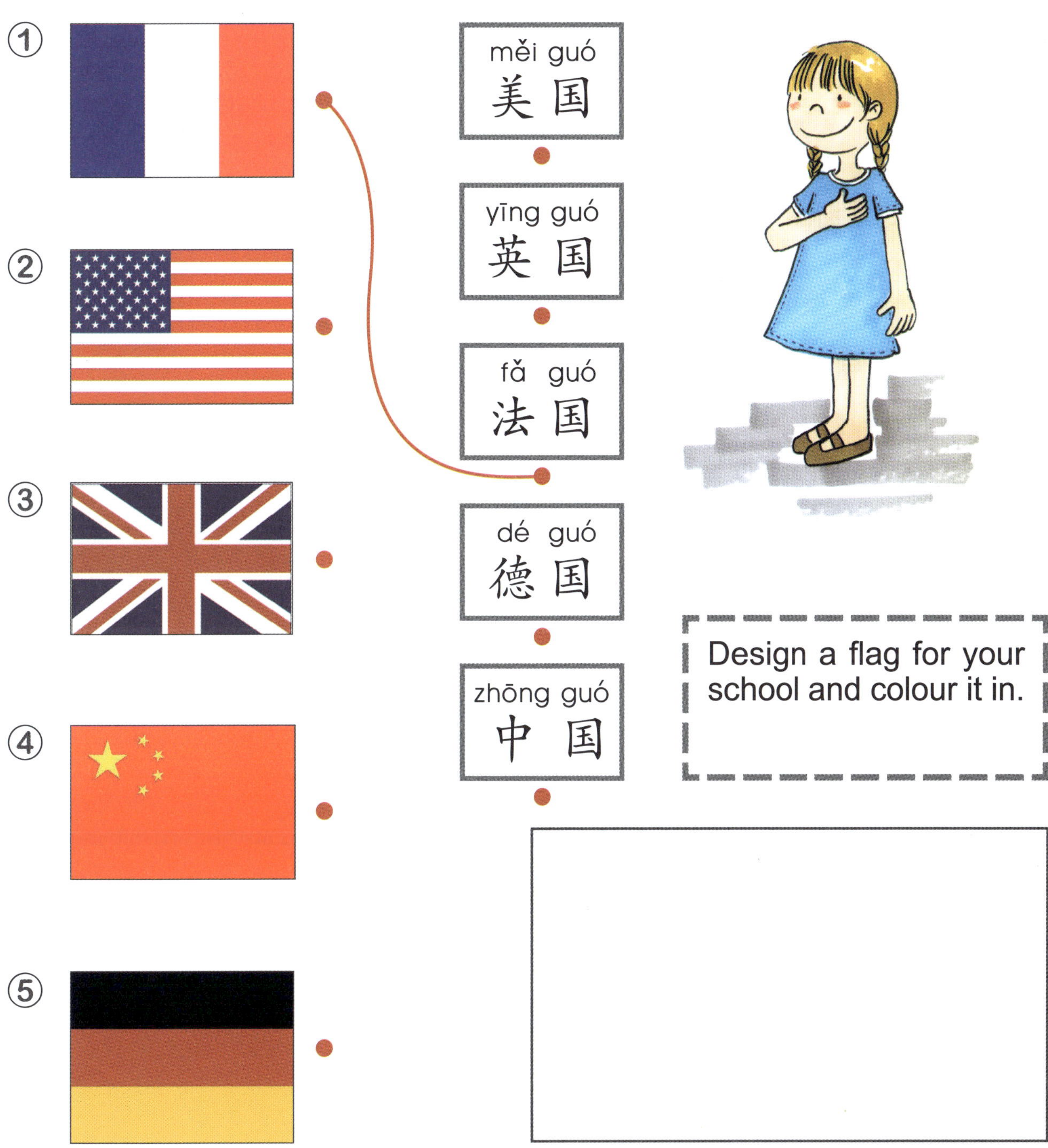

Design a flag for your school and colour it in.

3. Fill in the blanks with the *pinyin* given. Write down the meaning of each word/phrase.

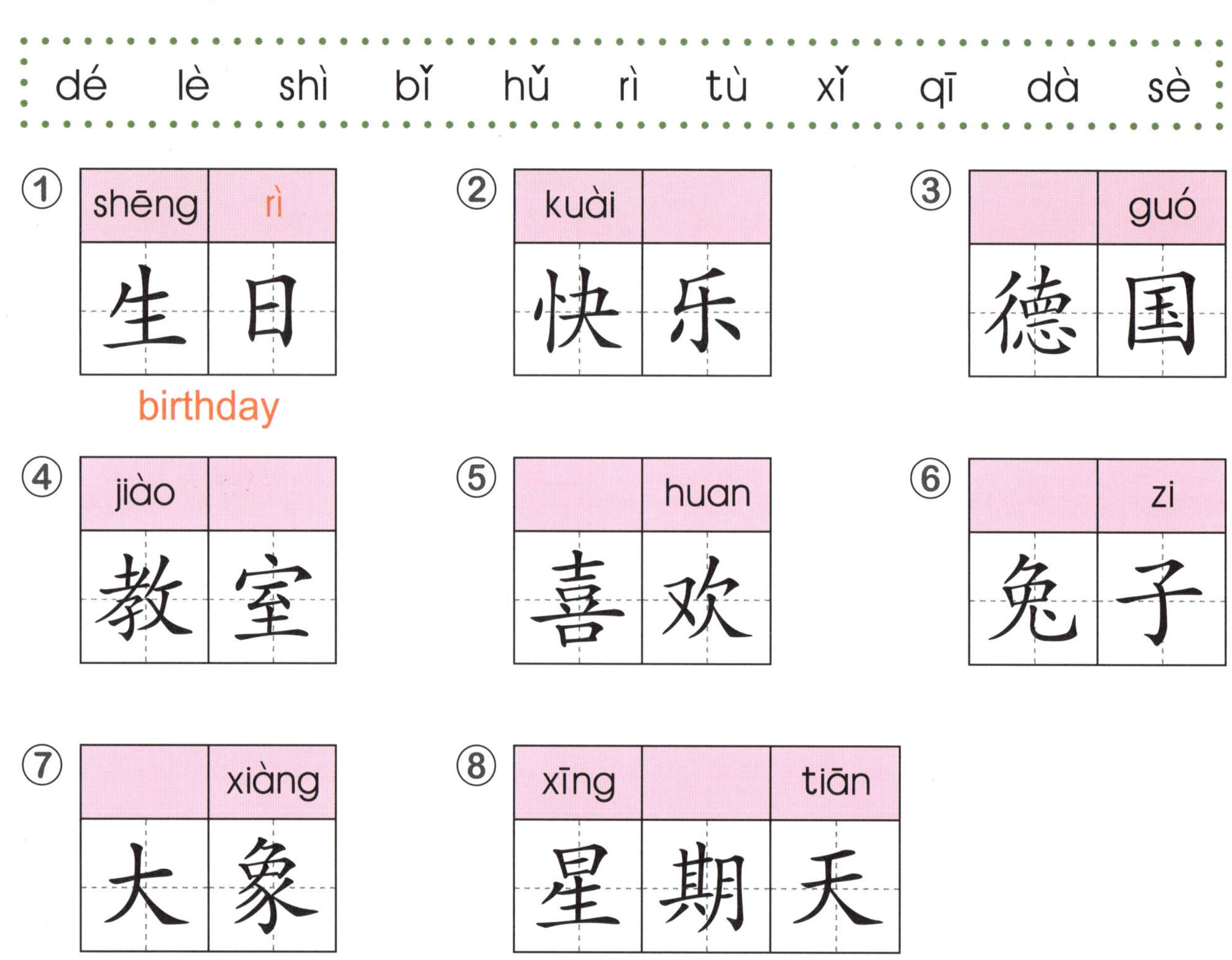

dé lè shì bǐ hǔ rì tù xǐ qī dà sè

① shēng rì 生日 — birthday

② kuài ___ 快乐

③ ___ guó 德国

④ jiào ___ 教室

⑤ ___ huan 喜欢

⑥ ___ zi 兔子

⑦ ___ xiàng 大象

⑧ xīng ___ tiān 星期天

⑨ lǎo ___ 老虎

⑩ cǎi ___ ___ 彩色笔

4. Trace each kind of strokes with the colour given. Count up the strokes and write down the number in Chinese.

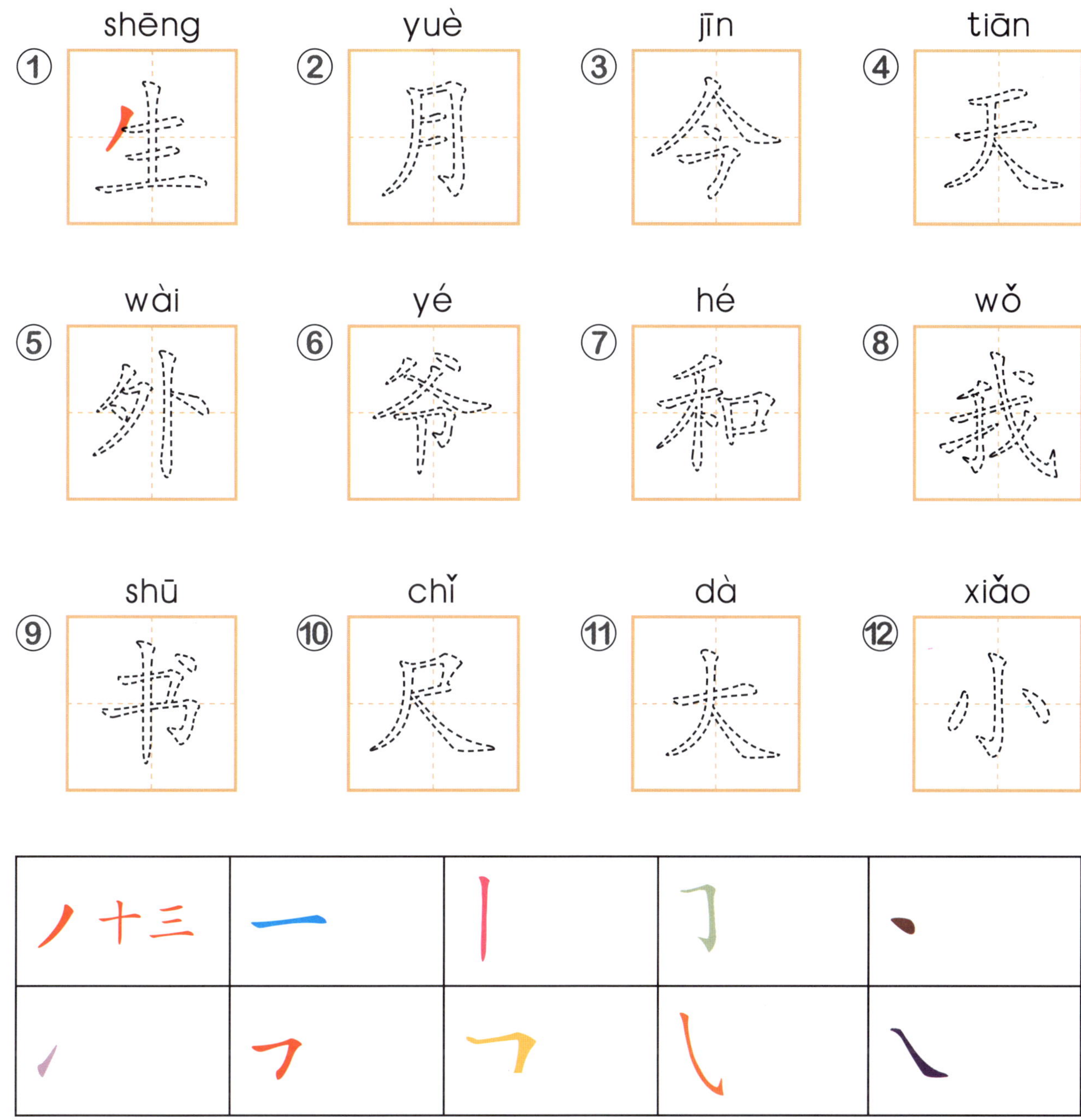

5. Match the questions with the answers.

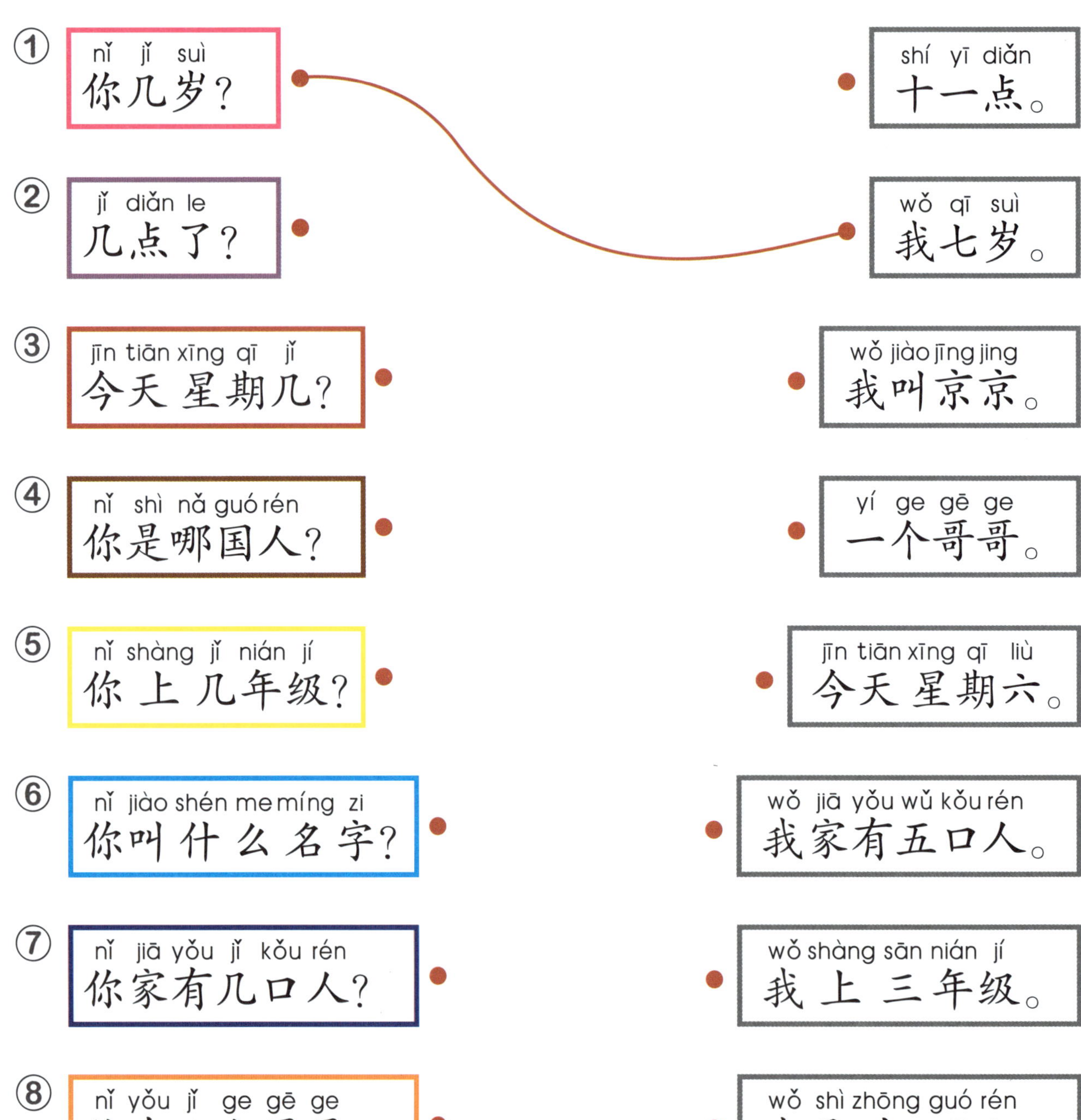

	Questions	Answers
①	nǐ jǐ suì 你几岁？	shí yī diǎn 十一点。
②	jǐ diǎn le 几点了？	wǒ qī suì 我七岁。
③	jīn tiān xīng qī jǐ 今天星期几？	wǒ jiào jīng jing 我叫京京。
④	nǐ shì nǎ guó rén 你是哪国人？	yí ge gē ge 一个哥哥。
⑤	nǐ shàng jǐ nián jí 你上几年级？	jīn tiān xīng qī liù 今天星期六。
⑥	nǐ jiào shén me míng zi 你叫什么名字？	wǒ jiā yǒu wǔ kǒu rén 我家有五口人。
⑦	nǐ jiā yǒu jǐ kǒu rén 你家有几口人？	wǒ shàng sān nián jí 我上三年级。
⑧	nǐ yǒu jǐ ge gē ge 你有几个哥哥？	wǒ shì zhōng guó rén 我是中国人。

6. Tick the right answer.

① tā shì shéi 他是谁?
a) wǒ yé ye 我爷爷。 ✓ b) wǒ de shēng rì 我的生日。 c) sān yuè wǔ hào 三月五号。

② jǐ diǎn le 几点了?
a) jiǔ yuè sān hào 九月三号。 b) liǎng diǎn le 两点了。 c) wǒ xǐ huan 我喜欢。

③ nǐ jǐ suì 你几岁?
a) xiè xie nǐ 谢谢你! b) wǒ qī suì 我七岁。 c) shàng sān nián jí 上三年级。

④ jīn tiān jǐ hào 今天几号?
a) qī diǎn 七点。 b) shí hào 十号。 c) jīng jing 京京。

⑤ nǐ shì nǎ guó rén 你是哪国人?
a) wǒ wài gōng 我外公。 b) měi guó rén 美国人。 c) xīng qī sì 星期四。

⑥ nǐ jiào shén me míng zi 你叫什么名字?
a) wǒ jiào dīng yī 我叫丁一。 b) mā ma 妈妈。 c) yé ye 爷爷。

⑦ nǐ xǐ huan shén me dòng wù 你喜欢什么动物?
a) xiě zì 写字。 b) jīn yú 金鱼。 c) hóng sè 红色。

7. Write down the *pinyin* and meaning of each character.

①
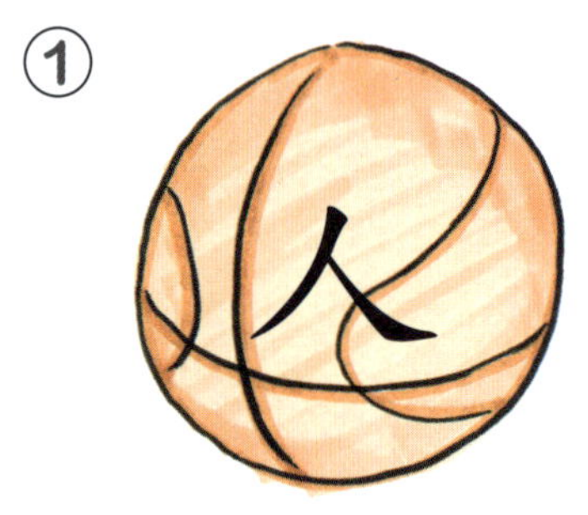

(rén) person

②
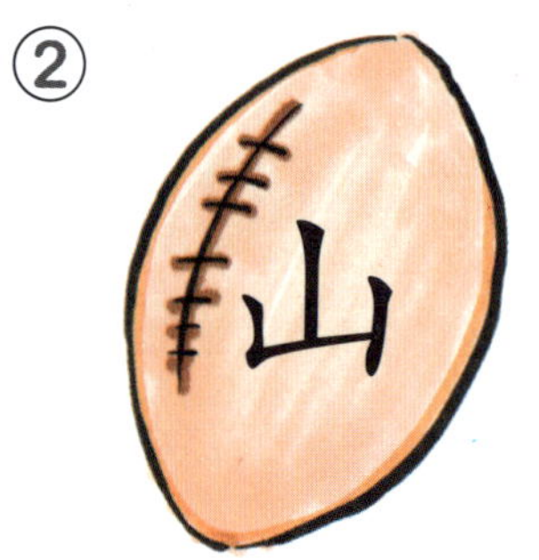

(   ) ________

③

(   ) ________

④

(   ) ________

⑤
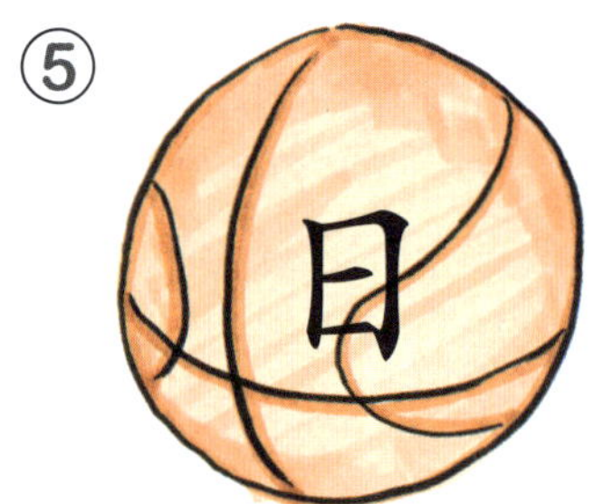

(   ) ________

⑥

(   ) ________

⑦

(   ) ________

⑧
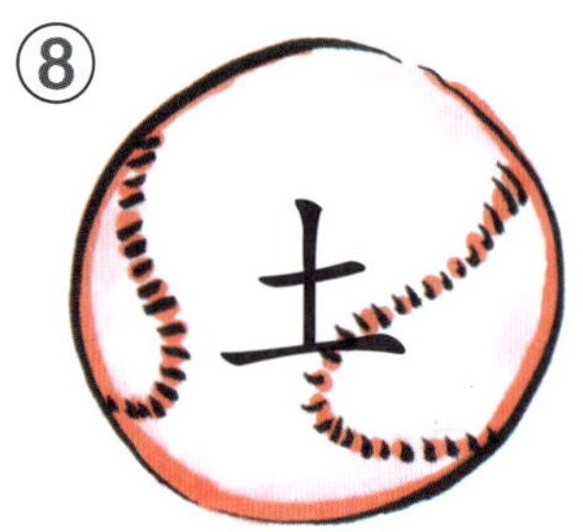

(   ) ________

⑨
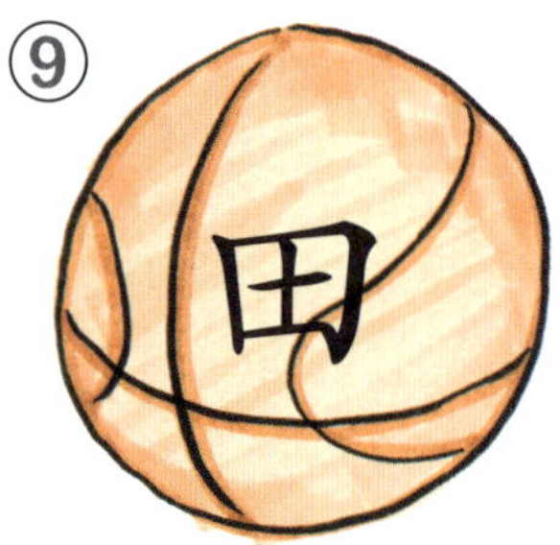

(   ) ________

8. Write a few sentences about your friend by following the example. You may write in *pinyin*.

hǎo péng you 好朋友　jiào 叫　……guó rén 国人

xiǎo xué shēng 小学生　shàng 上　nián jí 年级

jiā 家　yǒu 有　……kǒu rén 口人

EXAMPLE

zhè shì wǒ de hǎo péng you tā jiào xiǎo yīng tā shì zhōng guó rén tā shì xiǎo xué shēng shàng sān nián jí tā jiā yǒu sān kǒu rén bà ba mā ma hé tā

这是我的好朋友。她叫小英。她是中国人。她是小学生，上三年级。她家有三口人：爸爸、妈妈和她。

9. Find the partners and write down the meaning of each word.

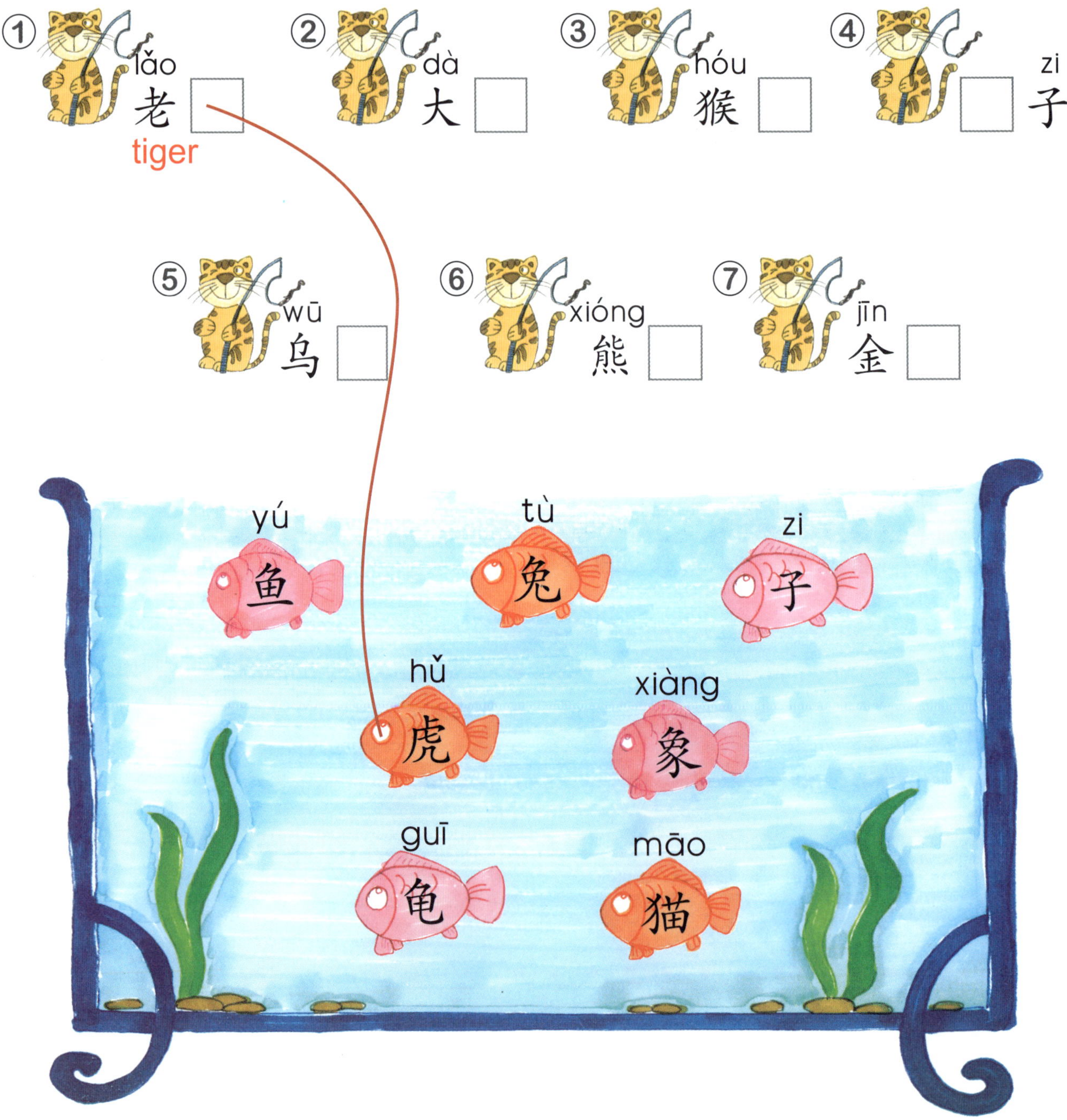

10. Write down the characters.

第六课 我可以吃饭吗

1. Match the Chinese with the *pinyin* and meaning.

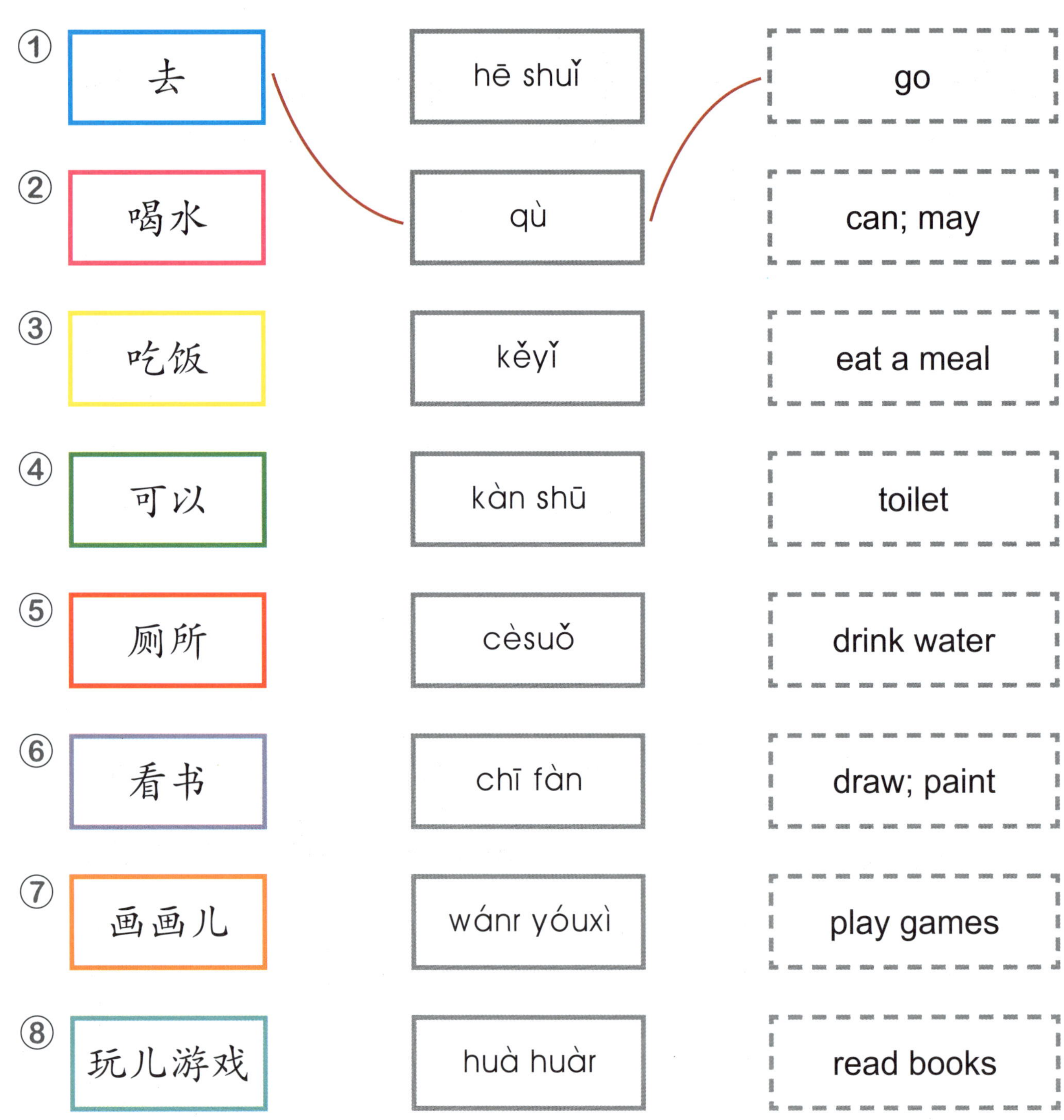

2. What can you do and what can't you do in class? Match the pictures with the answers.

3. Put tone marks on the *pinyin*. Write down the meaning of each word/phrase.

①	cè	suǒ	厕所	toilet
②	he	shui	喝水	
③	chi	fan	吃饭	
④	ke	yi	可以	
⑤	mei	guo	美国	
⑥	jiu	yue	九月	
⑦	kuai	le	快乐	
⑧	shua	ya	刷牙	
⑨	hei	se	黑色	
⑩	xiang	pi	橡皮	
⑪	xiong	mao	熊猫	
⑫	wu	gui	乌龟	

4. Trace each kind of strokes with the colour given. Count up the strokes and write down the number in Chinese.

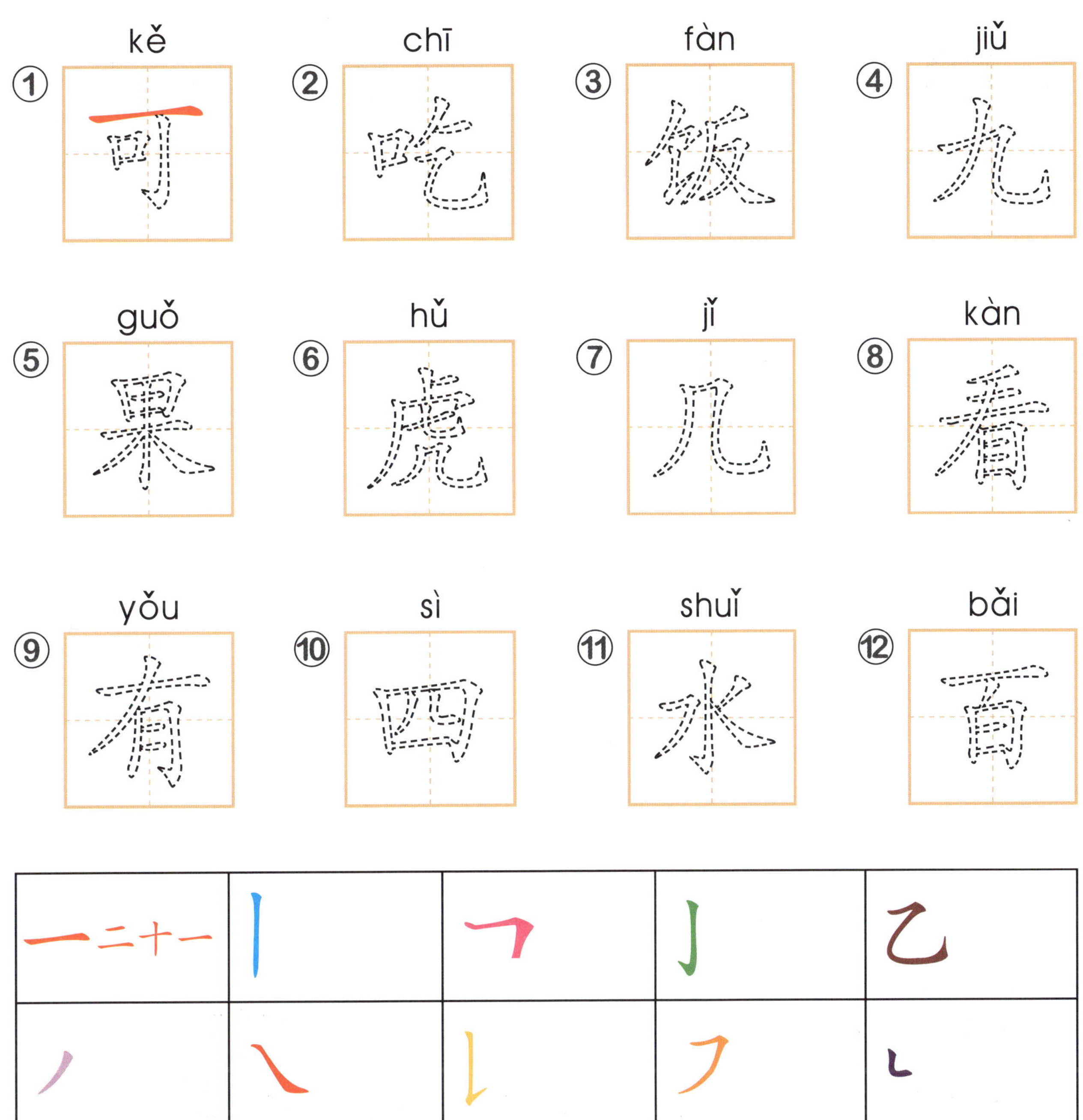

5. Find the path for each person by following the instructions.

even number 看书		by 5's 吃饭		odd number 喝水		by 10's 画画儿
二	四	五	十	一	三	十
八	六	二十	十五	二十	五	二十
十	十二	十四	三十	二十五	七	三十
二十	二十四	十六	三十五	四十	九	四十
二十二	二十	十八	五十	四十五	十一	五十
二十四	二十六	二十八	五十五	十五	十三	六十
三十四	三十二	三十	六十	十七	十九	七十
三十六	七十五	七十	六十五	二十三	二十一	八十
三十八	八十	八十五	九十	二十五	一百	九十

6. Write down the *pinyin* and meaning of each character.

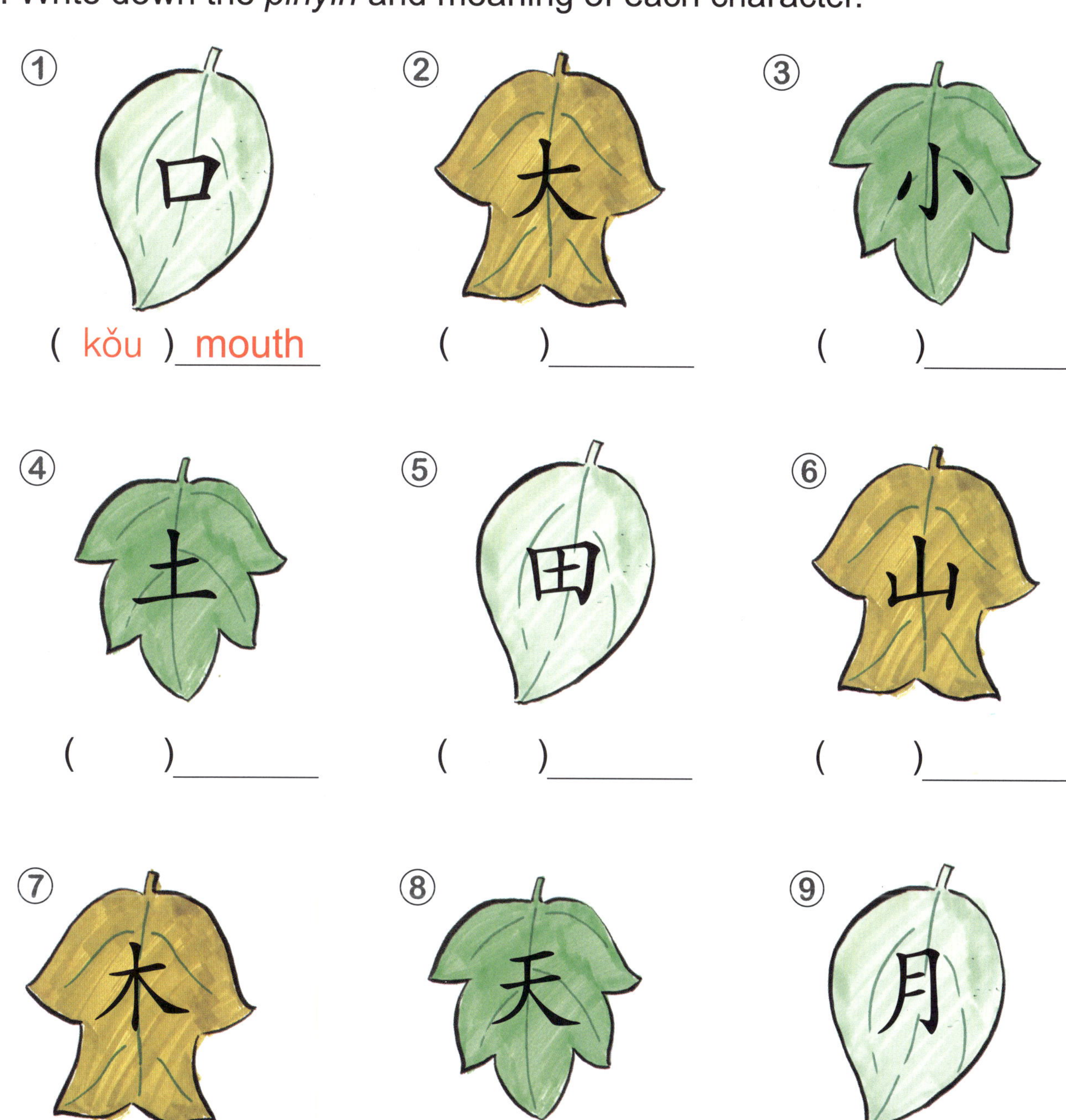

( ) ______　( ) ______　( ) ______

7. Finish the conversations with the sentences given. Fill in the boxes with the letters.

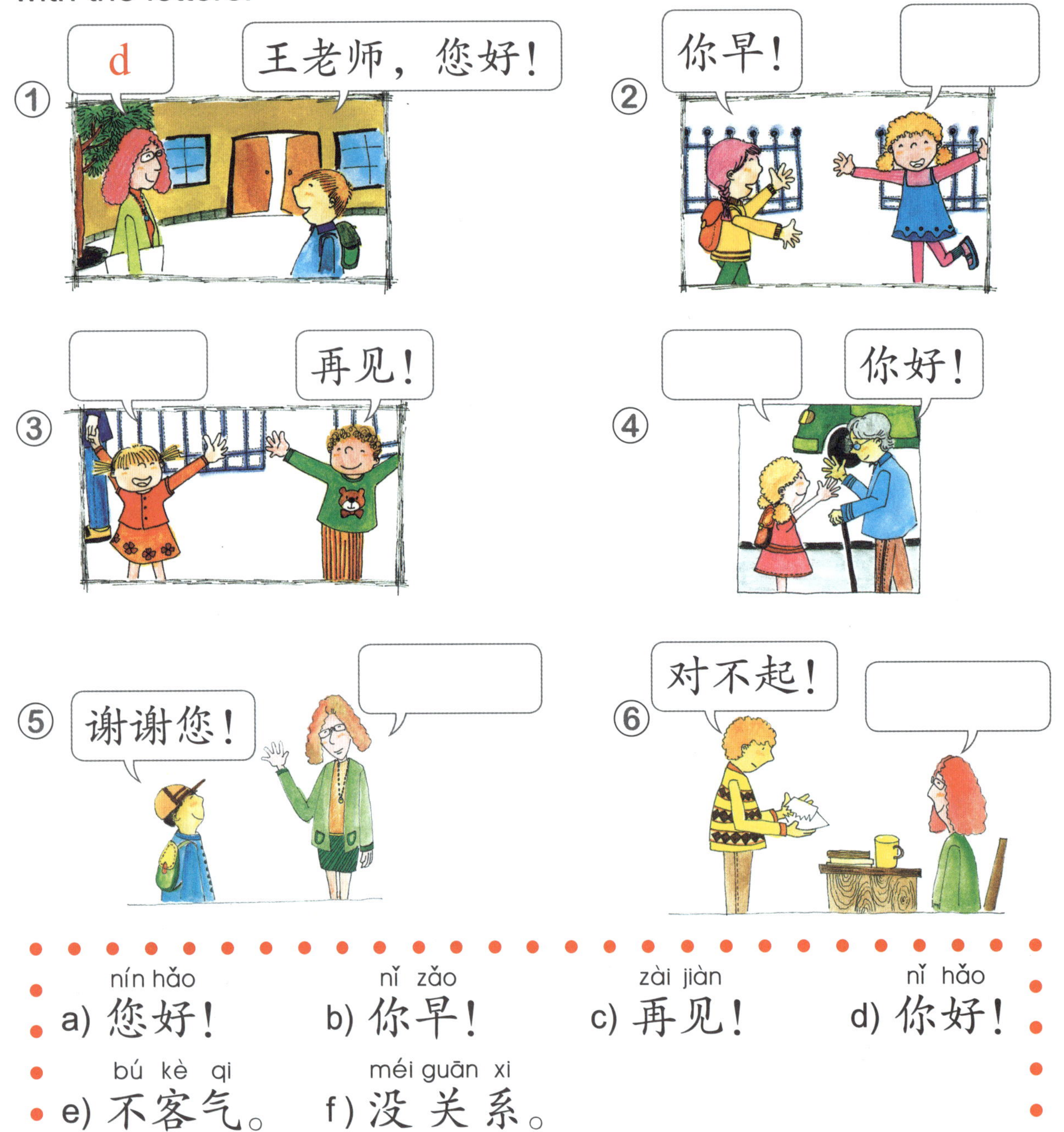

a) 您好！(nín hǎo)　b) 你早！(nǐ zǎo)　c) 再见！(zài jiàn)　d) 你好！(nǐ hǎo)

e) 不客气。(bú kè qi)　f) 没关系。(méi guān xi)

8. Write a few sentences about your (or your friend's) younger brother(s) by following the example. You may write in *pinyin*.

EXAMPLE

xiǎo xiǎo yǒu yí ge dì di. tā dì di
小小有一个弟弟。她弟弟

wǔ suì. tā huì chuān yī fu hé xié.
五岁。他会穿衣服和鞋。

tā shì xiǎo xué shēng, shàng yī nián jí.
他是小学生，上一年级。

tā xǐ huan kàn shū hé huà huàr. tā
他喜欢看书和画画儿。他

xǐ huan chéng sè. tā xǐ huan gǒu.
喜欢橙色。他喜欢狗。

dì di 弟弟	suì 岁	huì 会	chuān yī fu 穿衣服
chuān xié 穿鞋	xiǎo xué shēng 小学生		shàng 上
nián jí 年级	xiě zì 写字	wánr yóu xì 玩儿游戏	
lán sè 蓝色	māo 猫	jīn yú 金鱼	wū guī 乌龟

9. Join the two parts of each question and write down the meaning of the question.

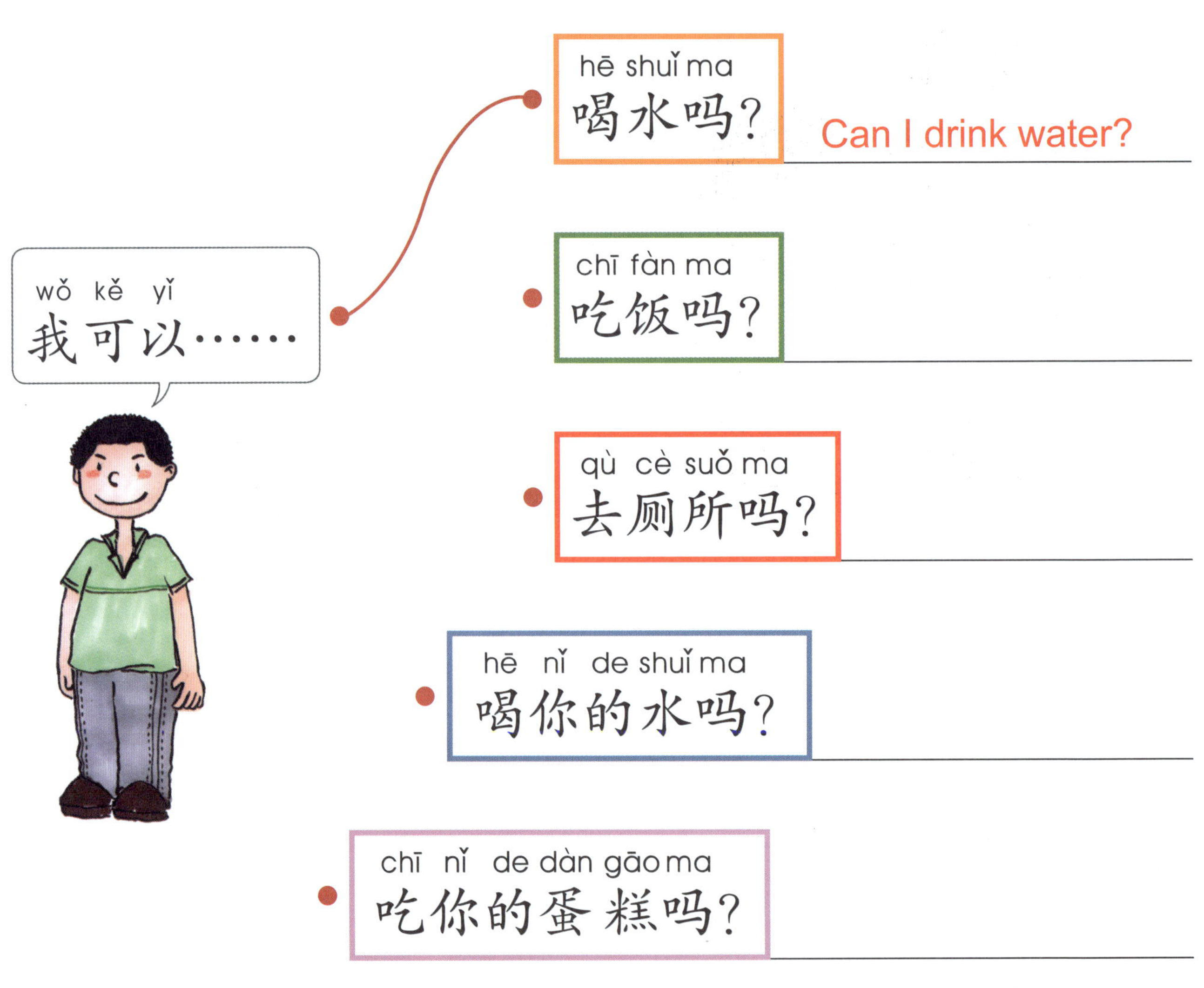

10. Write down the characters.

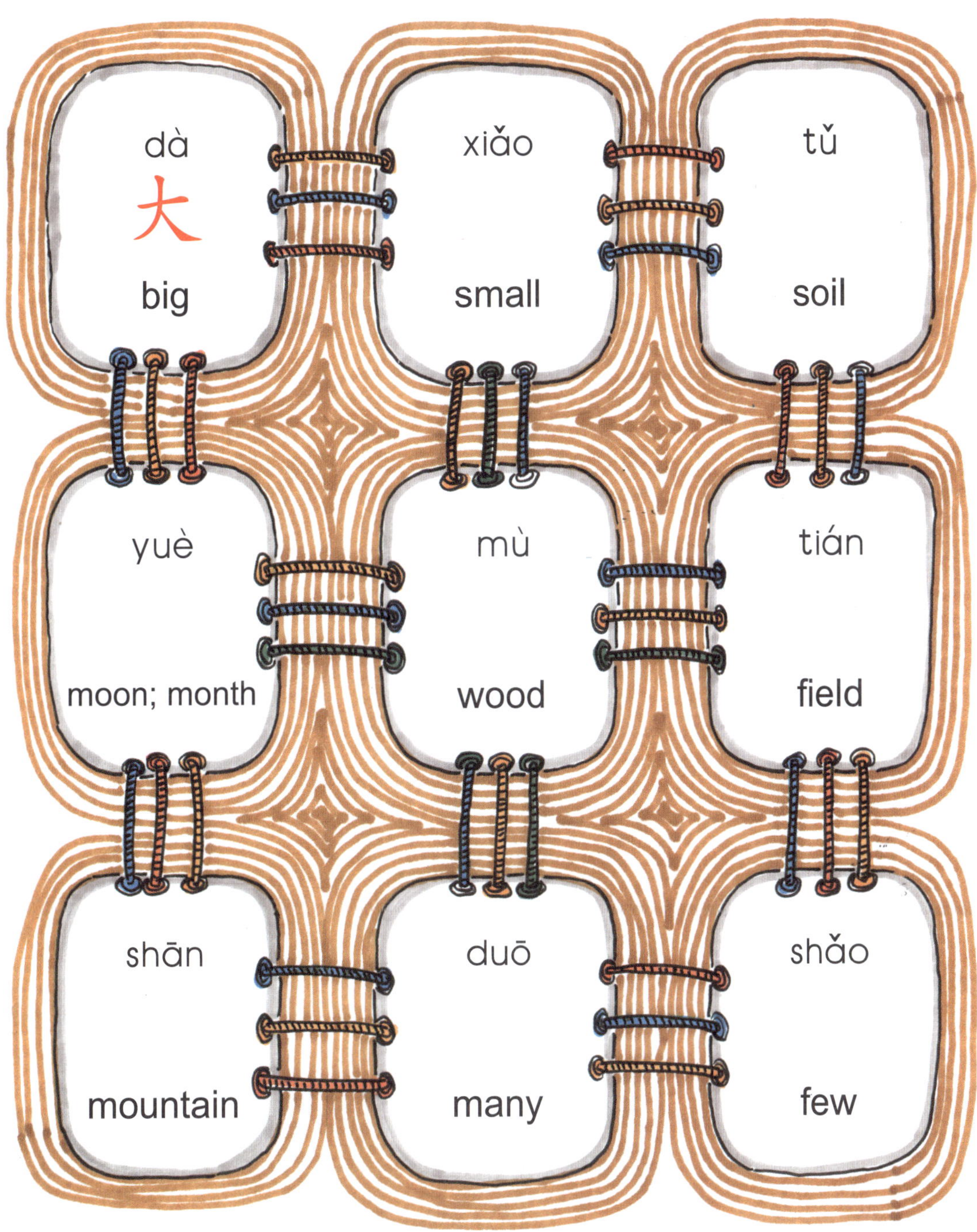

第七课 我穿校服

1. Match the Chinese with the *pinyin* and meaning.

	Chinese	Pinyin	Meaning
①	衣服	chènshān	school uniform
②	衬衫	kùzi	clothes
③	裤子	yīfu	dress; skirt
④	裙子	xiàofú	trousers
⑤	校服	píxié	shirt
⑥	皮鞋	wánjù fēijī	book
⑦	书	qúnzi	toy plane
⑧	玩具飞机	shū	leather shoes

2. Match the pictures with the Chinese and colour them in.

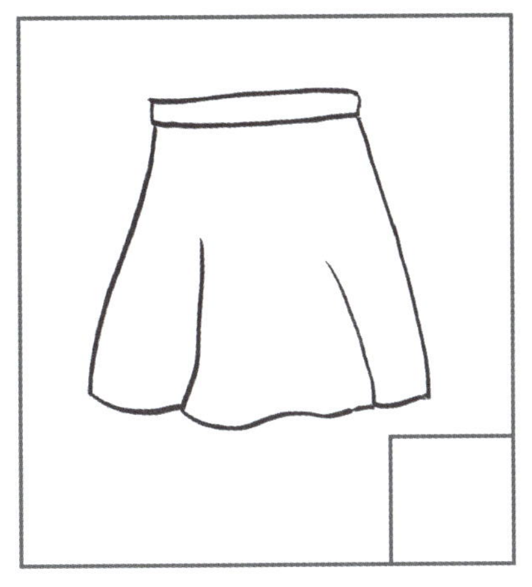

1. zǐ sè de kù zi 紫色的裤子
2. huáng sè de qún zi 黄色的裙子
3. lán sè de xiào fú 蓝色的校服
4. fěn hóng sè de chèn shān 粉红色的衬衫
5. hēi sè de pí xié 黑色的皮鞋
6. chéng sè de shū 橙色的书

3. Put tone marks on the *pinyin*. Write down the meaning of each word.

No.	Pinyin	Characters	Meaning
①	shēng rì	生日	birthday
②	xiao fu	校服	
③	ku zi	裤子	
④	chen shan	衬衫	
⑤	qun zi	裙子	
⑥	pi xie	皮鞋	
⑦	nai nai	奶奶	
⑧	wai gong	外公	
⑨	zhuo zi	桌子	
⑩	jiao shi	教室	
⑪	lao hu	老虎	
⑫	da xiang	大象	

4. Trace each kind of strokes with the colour given. Count up the strokes and write down the number in Chinese.

① chèn 衬	② shān 衫	③ qún 裙	④ pí 皮
⑤ xié 鞋	⑥ zhù 祝	⑦ kuài 快	⑧ duō 多
⑨ shǎo 少	⑩ tián 田	⑪ tǔ 土	⑫ zhuō 桌

丶 十五	㇀	丨	一	亅
丿	𠃍	㇇	㇏	㇟

5. Find the partners and write down the meaning of each word/phrase.

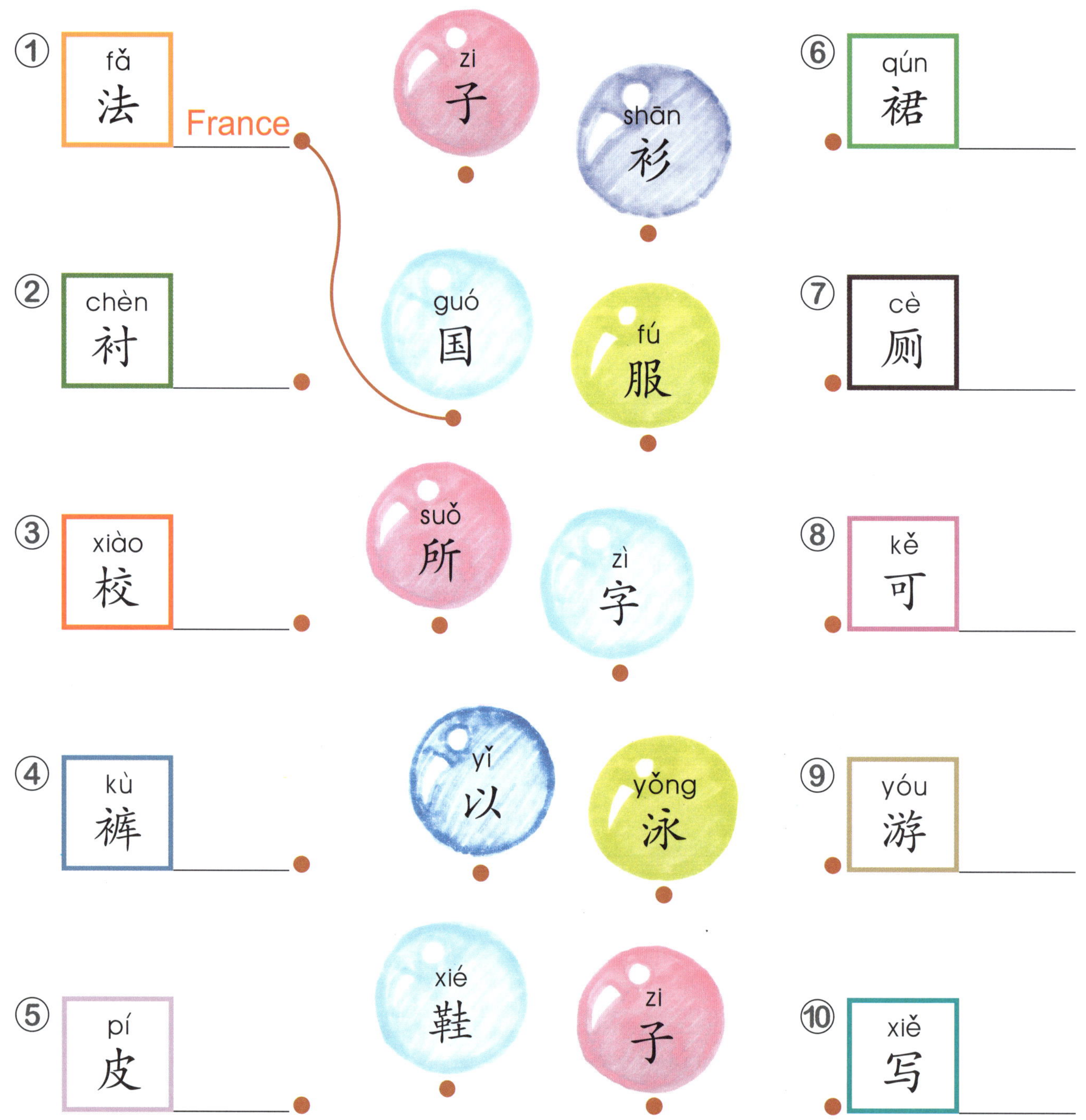

6. Write down the *pinyin* and meaning of each character.

① 

(tǔ) soil

② 

( ) ________

③ 

( ) ________

④ 

( ) ________

⑤ 

( ) ________

⑥ 

( ) ________

⑦ 

( ) ________

⑧ 

( ) ________

⑨ 

( ) ________

7. Add one stroke to each character given to form another character. Write down the new character and its *pinyin*.

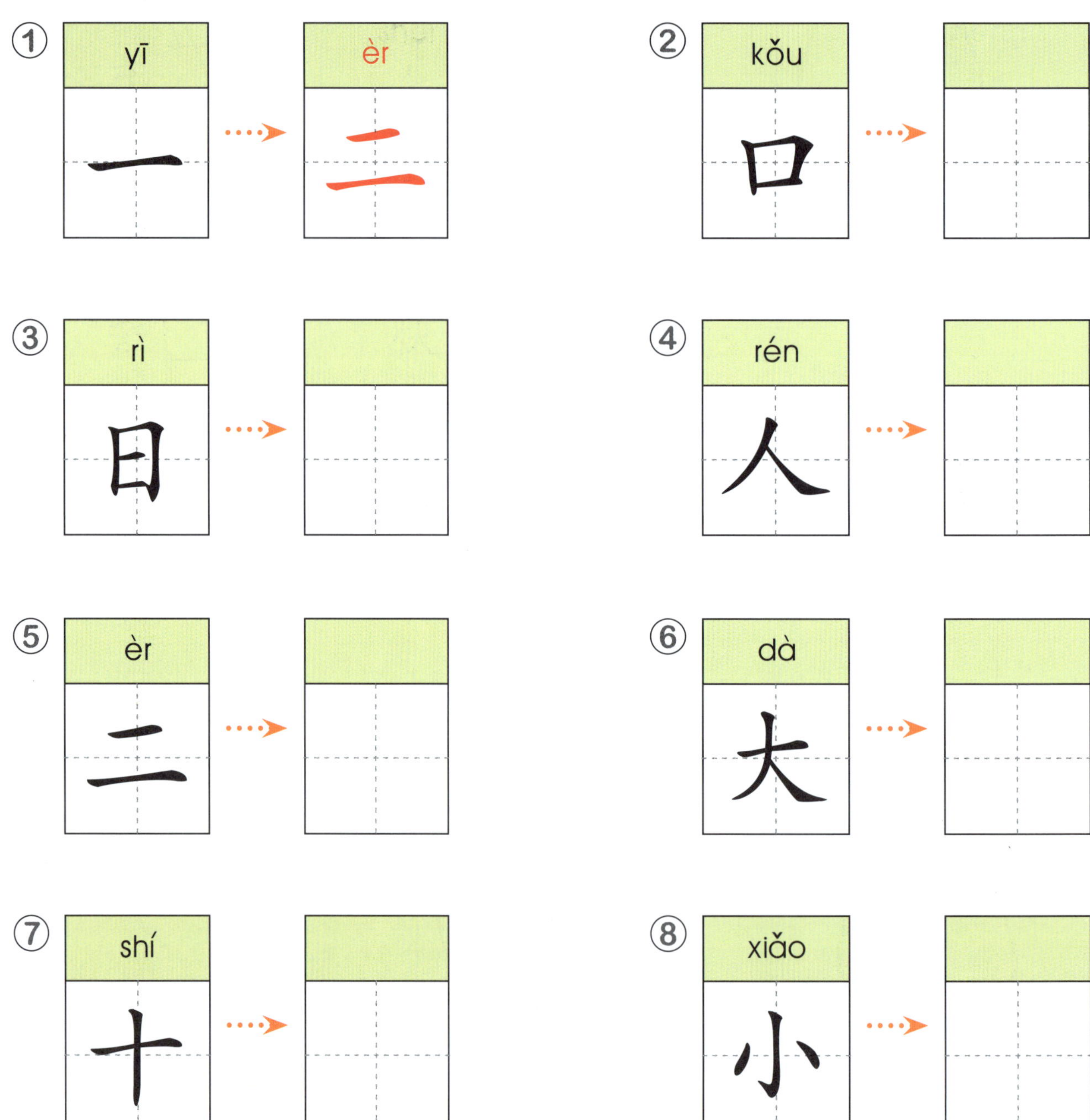

8. Write a few sentences about yourself by following the example. You may write in *pinyin*.

EXAMPLE

wǒ jiào dīng yī wǒ bā suì wǒ shì xiǎo
我叫丁一。我八岁。我是小
xué shēng shàng sān nián jí wǒ xǐ
学生，上三年级。我喜
huan chuān xiào fú wǒ xǐ huan hóng
欢穿校服。我喜欢红
sè zǐ sè hé huáng sè wǒ xǐ huan
色、紫色和黄色。我喜欢
kàn shū xiě zì wánr yóu xì
看书、写字、玩儿游戏。

jiào 叫	suì 岁	xiǎo xué shēng 小学生	
shàng 上	nián jí 年级	xǐ huan 喜欢	chuān 穿
xiào fú 校服	kù zi 裤子	chèn shān 衬衫	
qún zi 裙子	pí xié 皮鞋	lán sè 蓝色	
chī 吃	dàn gāo 蛋糕	táng guǒ 糖果	

9. Join the three parts of each sentence and write down the meaning of the sentence.

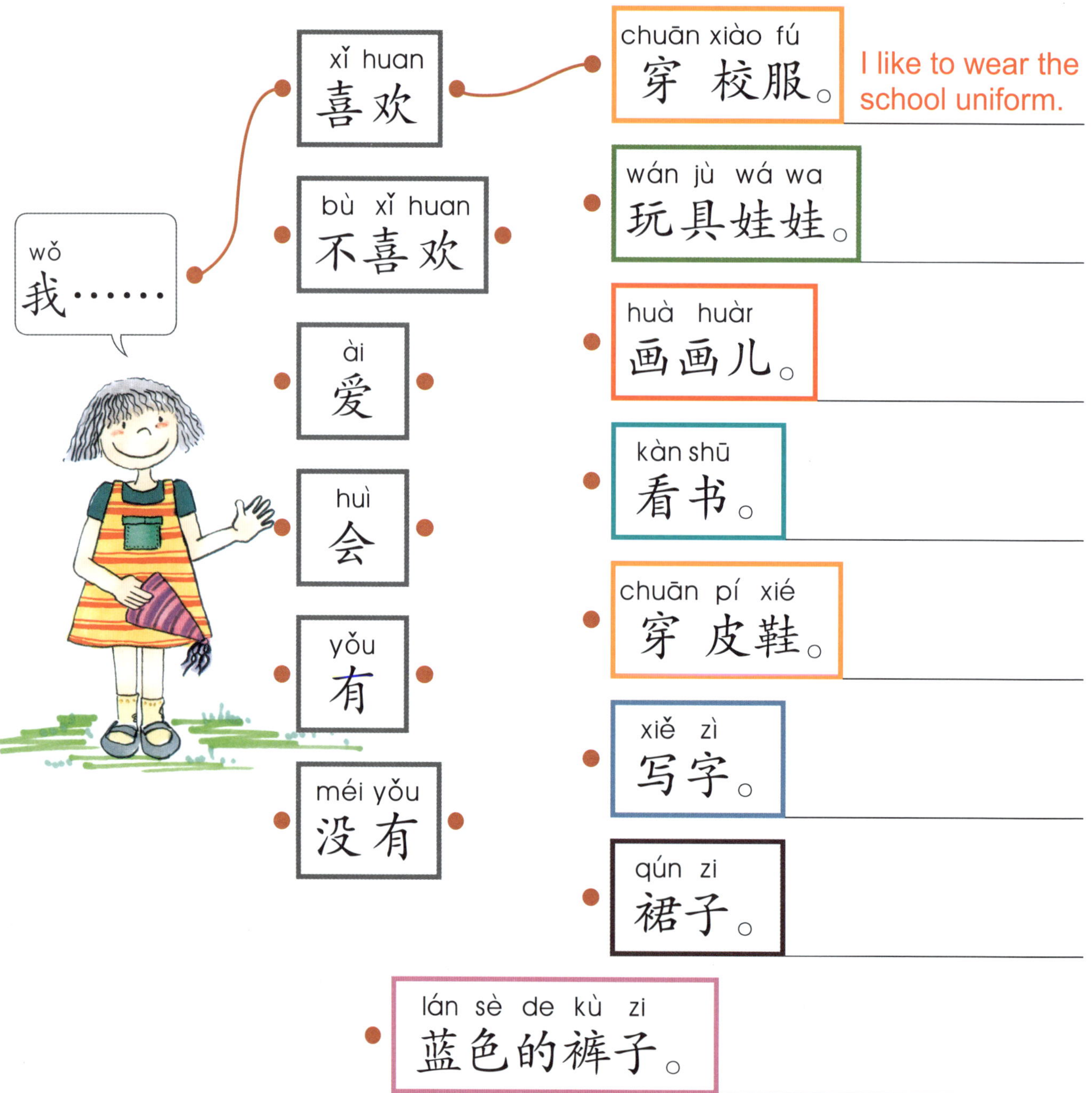

10. Write down the characters.

rì 日 sun; day	dà big	xiǎo small
tǔ soil	tián field	shān mountain
mù wood	duō many	shǎo few